21世纪学前教师教育系列教材

总主编　朱家雄

幼儿科学教育与活动指导

王兴华　主编

中国人民大学出版社
·北京·

前言

当今世界的发展深受科学技术的影响，越来越多的国家认识到未来的国际竞争力在很大程度上依赖于科学技术的发展，而科学技术的发展离不开具备科学素养的人。从大的方面来看，培养具备科学素养的人才是实现“科教兴国战略”和“人才强国战略”的保障。从小的方面来看，我们衣食住行的方方面面都越来越信息化、智能化，每个人都需要具备一定的科学素养。在此背景下，科学教育作为培养科技人才和提高国民科学素养的手段，也日益受到重视。

学前教育是终身教育体系的基石，培养具备科学素养的人才，要从学龄前开始。学前阶段的科学启蒙教育对于激发幼儿的科学探究兴趣、培养幼儿的科学探究能力、促进幼儿的全面发展具有重要的意义。

在我国，学前科学教育长时间以来偏重知识经验。“科学”的知识过早占据了幼儿的思想，“科学”的精神却未能真正进入幼儿的心灵。2001 年，教育部正式发布《幼儿园教育指导纲要（试行）》，对幼儿园科学教育的目标和内容进行了比较清晰的描述，“科学”从此取代了过去的“常识课”，正式被列入幼儿园教育内容中。2012 年，《3～6 岁儿童学习与发展指南》对科学教育的目标、内容进一步细化，明确了科学情感和态度、科学方法和技能、科学知识和经验的三维目标，成为幼儿园开展科学教育的依据与框架。但是在实践中，以“科学探究”为名，以“知识讲授”为实的现象依然存在。教师对究竟什么是科学探究、科学探究活动到底应该怎么做的理解不到位，甚至存在着偏差。提高学前教师队伍的科学素养，帮助他们掌握开展科学探究活动的方法迫在眉睫。

本书在编写过程中，围绕幼儿科学素养的培养，以幼儿学习与发展的理论为基础，以科学探究活动的设计为线索，以培养具备从事幼儿科学教育专业能力的学前教师队伍为核心，力求突出以下几点特色：

第一点是科学教育目标与内容都明确指向科学素养的三个维度——科学情感和态度、科学探究技能、科学领域的核心概念与关键经验，帮助教师更好地围绕科学素养的三个维度选择教育内容、确定教育目标。尤其是在科学探究技能方面，本书不仅把科学探究作为幼儿科学学习、教师实施科学教育的过程，更把科学探究作为幼儿学习的内容，明确了学前阶段科学探究的基本技能具体包含哪些方面，并通过实例来阐述如何在科学教育活动中渗透、培养幼儿的科学探究技能。

第二点是变“学科本位”为“幼儿本位”，强调在设计科学活动时不是从科学概念出发，而是从幼儿的生活出发，去探究幼儿生活中的真实问题。选择从幼儿的生活出发一是因为幼儿对身边的科学现象有着与生俱来的探究兴趣，二是因为幼儿在生活中获得的日常概念和经验是他们学习科学的基础。比如10年前可能很少出现在科学教育中的诸如雾霾、机器人等内容却是今天幼儿日常生活的一部分，也应该成为科学探究的对象。同时，本书还介绍了幼儿在园内生活各个环节以及在园外日常生活中如何设计、开展科学探究活动。

第三点是强调基于证据的科学教育质量提升与教师专业发展。从科学探究活动的评价、教师的评价以及幼儿的评价三个方面系统介绍了幼儿科学探究活动的评价框架和常用评价工具、评价方法，帮助教师客观评量与分析科学教育实践中的问题，并依此制定改进措施，提升科学教育质量。

最后，除了培养幼儿的科学素养外，我们也希望学前阶段的科学启蒙教育给幼儿的一生留下印记。就如爱因斯坦在他晚年的《自述》中曾提到的，他年幼时看到父亲给他的一只罗盘针总是指定一个方向，感到巨大的惊奇。这种惊奇保持了一生：“……我现在还记得，至少相信我还记得，这种经验给我一个深刻而持久的印象。我想一定有什么东西深深地隐藏在事情背后……”诚然，不是每个人都能成为科学家，但每个普通人若能回想起童年的几次科学经历，或是捉蚯蚓、养蚕，或是放风筝、玩镜子迷宫，就会意识到这些“顽皮”的经历以及那些对世界的天真幻想和幼稚解释，给我们带来多少发现的喜悦和满足！它让我们感受到童年的乐趣甚至是人生的乐趣，让我们知道了世界的奇妙、学会了关爱生命，这正是早期的科学教育给我们每个人留下的毕生财富。

我的研究生杨佳伶、许丹莹、丁雪梅、刘欣、王超然、石智能积极参与了资料的搜集、翻译、整理，在此深表感谢！感谢本书的编者之一王智莹提供的实践案例及对文字的编撰润色。感谢出版社的编辑为本书的出版付出的努力！对于书中的疏漏和不足之处，恳请广大师生在使用的过程中提出宝贵意见。

王兴华

2020年1月于北京师范大学

目录

第一章

幼儿科学教育导论

学习目标

1. 了解科学的本质和内涵。
2. 理解并掌握幼儿学习科学的基础和方式。
3. 充分掌握幼儿科学教育的内涵、价值及发展趋势。

提起科学，人们可能想到的是爱因斯坦、霍金等大科学家，想到那些配备着精密仪器的实验室，也可能想到一些诸如纳米、石墨烯等时下大热却又似懂非懂的词汇，这样的科学内容似乎并不适合学龄前儿童学习。也有人认为科学就是要有打破砂锅问到底的精神，就是对周围的世界感兴趣，如果从这个角度来看，儿童似乎天生就是小“科学家”。可见，对科学内涵的不同理解会影响教师的科学教育观念和行为。那科学到底是什么呢？我们就从这个问题开启我们的科学之旅。

第一节　什么是科学

一、科学的本质

什么是科学？这是一个人们很想搞清楚，但很难搞清楚，甚至越来越说不清楚的问题。造成这种局面的原因有两个：第一，“科学”这个词来自西方，在西方文化的语境中，“科学”究竟是什么就不是一个简单的问题；第二，“科学”被引进中国之后，中国人以自己特有的眼光看待它、在中国特有的语境中理解它，使“科学”的形象更加模糊不清。在欧洲语言中，“科学”一词来源于拉丁文“scientia”，其意思是“知识”“学问”。欧洲各个语种关于它的单词，都秉承了这个意思，但又或多或少有所偏离。其中英文偏离最多，“science”通常并不指一般意义上的“知识”，而是指物理、化学这样一些“自然科学”（nature science）；法文“science”和德文“Wissenschaft”（包括一切有系统的学问）就偏离得少一些，德文的科学基本上保存着与拉丁文一样的意思，并不特指自然科学，也包括文史哲等人文学科①。至此可以看出西文语境下的两种“科学”概念：广义的科学指“知识”“学问”，狭义的科学指“自然科学”。

（一）科学精神的起源

科学精神起源于古希腊。公元前500年左右，古希腊相继出现了一大批卓越的哲学家和科学家，他们是之后许多学科的鼻祖。比如自然哲学家泰勒斯最早提出“什么是万物本原”的哲学问题，试图借助经验观察和理性思维来解释世界，他用日影来测量金字塔的高度，并准确地预测了公元前585年发生的日食；物理学家阿基米德证明物体在液体中所受浮力等于它所排开液体的重量，利用杠杆原理制造了叫作石弩的抛石机，能把大石块投向罗马军队的战舰。这些天才人物不仅在一个领域做出他们的开创性工作，而且在许多个领域均有建树。古希腊之前，自然界常常被认为是混乱、神秘、变化无常的，人在自然面前完全只有听从命运的摆布。而古希腊人，首先把自然作为一个独立于人的东西加以整体的看待；其次，他们把自然看作一个有规律而且规律是可以为人们把握的对象；再次，他们创造了一套数学语言试图把握自然界的规律。总之，在人类历史上，古希腊人第一次形成了独具特色的理性自然观，这正是科学精神最基本的因素②。这个时期奠定了西方广义的科学，此时科学的品格包括：对严格的确定性知识的追求，对内在固有的理性世界的发现，对批判、质疑、论证的推崇。

（二）注重实验的近代科学精神

近代科学诞生在世界历史发生巨大变革的时代，这一时期自然科学与人文科学被逐渐分化。近代科学的基本特征之一是注重实验，实验的传统可以追溯到罗吉尔·培根，但直到文艺复兴时期，实验才开始被更多的人接受。特别是当时的造型艺术大师们，率先研究人体结构，推动实验科学的发展，他们之中最为杰出的是列奥那多·达·芬奇。据说他不顾罗马教会的反对，解剖了约30具尸体，提出了血液循环的构想，研究了心脏的功能和构造。达·芬奇工作的重要意义在于倡导了一种亲自动手实验的科学态度，达·芬奇笔记

---

① 吴国盛．什么是科学?．民主与科学，2016（4）：48-51．

② 吴国盛．科学的历程．长沙：湖南科学技术出版社，2013：102．

本上有段话充分体现了近代科学的精神："我们在种种场合和种种情况下谈论经验，由此才能够引出一般的规律。自然界始于原因，终于经验，我们必须反其道而行之。即人必须从实验开始，以实验探究其原理"。

在近代，由中国的四大发明所推进的技术上的进步，也是欧洲产生近代科学的动力。在诸多技术发明中，罗盘、枪炮、印刷术和钟表的出现具有特别的意义：罗盘使航海事业如虎添翼，促进了全球一体化进程；枪炮既摧毁了欧洲古城堡的封建割据，也打开了世界每一个角落的大门；印刷术使知识不再为少数人所垄断，而成了全人类的财富；钟表则使人类的生活进入了一个高节奏的客观化时代①。近代科学的先驱们发现，自然界是一个"不以人的意志为转移的客观存在"，是一个按照自身固有的规律运行的世界。因此，探索自然的"规律"是人类能够做的最合适的事情之一。在这个意义上讲，近代的自然科学是古希腊理性科学的发扬光大，但着眼于因果性规律的近代科学，也把理性片面发展成为一种"工具理性"，不再是古希腊意义上纯粹的科学，而是功利性的科学。它以征服自然、利用自然，提高人类对周围环境的控制能力为目标，因此它重视外在经验，重视有系统设计的、可重复的实验方法。

（三）中文"科学"概念的诞生

对于中国来说，系统地引进西学是1840年之后的事情，其动机是师夷长技以制夷，而夷之长技不外乎坚船利炮，所以第一代出国留学者学习造船、造兵器居多。但后来人们发现，夷之长技不仅是坚船利炮，更有支撑坚船利炮的一整套知识体系。这套知识体系最初被译成"格致学"，在19、20世纪之交被正式定名为"科学"。"科学"这个译法最早来源于日本，取"分科之学"的意思，区别于中国传统的文史学不分的博通之学。不难看出，在这个背景下诞生的"科学"概念，特指在近代西方发展起来的以坚船利炮为基础的近代自然科学。正如我国1979年版的《辞海》对"科学"的定义，"科学是关于自然界、社会和思维的知识体系，它是适应人们生产斗争和阶级斗争的需要而产生和发展的，它是人们实践经验的结晶"。由于强调它的功利性特征，所以近代中国人常把"科学"与"技术"放在一起。但这种功利性也曾受到质疑，梁启超曾提出，中国人过分把科学工具化、功利化，是"把科学看得太低了、太粗了"，他还说，"就是相对尊重科学的人，还是十个有九个不了解科学的性质。他们只知道科学研究所产生的结果价值，却不知道科学本身的价值，他们只有数学、几何学、物理学、化学等概念，而没有科学的概念"②。

二、科学的内涵

在当代，随着人们对于科学本质的探讨，科学已被赋予了丰富的内涵。我们可以从不

---

① 吴国盛. 科学的历程. 长沙：湖南科学技术出版社，2013：293-296.

② 吴国盛. 什么是科学?. 民主与科学，2016（4）：48-51.

同的层面来理解科学。

（一）科学是知识

“科学是知识”，这是很多人心目中所理解的科学。不过当我们说“科学是知识”的时候，如果再追问科学是什么样的知识？也许，我们会说：

“科学是正确的知识。”

“科学是一种权威性的知识。”

“科学是系统地组织起来的知识。”

“科学是世世代代积累起来的知识体系。”

…………

作为一种知识体系，科学知识具有和其他知识不同的特点：

1. 科学知识具有真理性

科学知识的真理性是指科学知识必须符合客观的事实，它是对客观世界的真实反映。任何不能正确反映客观世界的知识，或是与客观事实不符的理论、解释，都应被排除在科学知识之外。

不过，我们应该认识到，科学知识的真理性并不是绝对的。也就是说，人们对事物的科学认识并不是一成不变的，而是不断发展、变化的。过去认为是正确的、科学的知识完全可能被新的事实所推翻、所否定，科学正是在不断否定自我和修正自我的过程中得到发展的。比如，在哥白尼时代以前，人们根据太阳东升西落的现象，思考并得出地球是宇宙的中心、太阳围绕地球旋转的结论，但哥白尼提出的日心说，就推翻了这一结论。而太阳后来被证实也不是宇宙的中心，而只是宇宙中一个微不足道的成员。由此可见，科学没有最终的结论，更没有永远正确的结论。

因此，我们不能把科学知识的真理性误解为科学就是对世界的固定不变的“正确”解释。在不同的时代、不同的认识水平下，人们对世界的“正确”认识都是不同的。科学之真理性，不在于它对世界的解释是永远正确的，而在于它是一个开放性的知识体系，在于它有一个不断修正自我的过程。

2. 科学知识具有经验性

科学知识具有经验性是指科学知识来源于经验性的活动，而不是任何人的主观臆断。这里所说的经验性是和思辨性相对的。所谓经验性的活动，就是收集和整理客观信息，并在客观信息的基础上，进行思维加工，从而得出结论。它强调的是客观的事实证据。由此可见，那些主观获得的未经证实的“感悟”，或者出自权威人物的论断，以及那些打着科学旗号的伪科学知识，都不是建立在客观事实证据的基础上，因此也都不是科学知识。

当然，科学知识的经验性，并不排除理性的思考。正如达尔文所说，“科学就是整理事实，从中发现规律，做出结论”。关键在于这些思考必须建立在客观事实的基础上，而不是主观臆想。

此外，我们也不能把科学知识的经验性狭隘地理解为个人的亲身经验。书本上的科学知识，作为前人实践经验的结晶，对我们来说是一种宝贵的间接经验，它也是我们获得科学知识的重要途径。

拓展阅读

案例——“事实”还是“观点”?

教会儿童正确辨别“事实”与“观点”，对培养幼儿科学素养、科学精神都是非常重要的。事实（fact）具有客观性，对事实的陈述可以被验证。观点（opinion）具有主观性，观点可以是从事实推断的，也可以是主观思辨的。

被事实验证后的观点才是科学的观点。

通过一些很简单的例子就可以区分事实和观点：

左边——冰激凌很好吃（观点）

右边——冰激凌通常是用牛奶制品做的（事实）

左边——足球是黑白相间的（事实）

右边——和跳舞相比，足球是更好的运动（观点）

左边——太平洋是地球上最大的海洋（事实）

右边——在海里会感到害怕（观点）

资料来源：为什么国外孩子从小学习区分 Facts & Opinions?.（2018-12-30）. https://mp. weixin. qq. com/s?_biz=MjM5MTgzNDM0MA==&mid=2651260626&idx=1&sn=1e5fee60033c701e6e5e5c4993389f7e&mpshare=1&scene=1&srcid=0517gQ4XlaoLzaSzvg3GeKbH&pass_ticket=UWgLAH-sAoxUGW2qgGrlGpfdYCgpauEhvZr1QBjHecO9tOzNX381tbQN8MoqpXiUK#rd.

3. 科学知识具有可重复性

科学知识具有可重复性是指科学知识应该是可以验证的、规律性的知识，应该经得起实践的检验。无论何人何时何地重复某一实验，都能得到同样的结果，就说明这一结论是经得起验证的，是真正科学的、可靠的。比如，人们在观察月相以及月食现象的事实基础上，总结出月食发生的规律。如果这个规律能够进一步为事实所验证，我们就可认为它是正确的；否则，就可认定它是错误的，至少是不完全正确的。

因此，我们可以把科学知识的可重复性理解为经验性的延伸。即科学知识不仅来源于经验，而且还需不断地接受经验的检验。这里需要解释的是，从整体上说，科学知识应包含关于自然、社会和思维的知识体系，分别称作自然科学、社会科学和思维科学。但是自然科学和社会科学、思维科学又有不同，这是由自然科学的特殊性所决定的，因为在客观的自然现象面前，不同民族、不同阶级的人所观察到的科学事实都是一致的，通过逻辑的推演，他们得出的科学结论和科学理论也应该是相同的。自然科学知识的真理性不因认识者的民族、阶级差异而改变，人们比较容易得出一致和稳定的认识。相反，社会科学和思维科学知识则常常会因认识者的立场（尤其是哲学观点）不同而被赋予不同的理解，而且也很难用上面的三条标准来衡量。目前，幼儿园课程中所指的“科学”及“科学教育”主要是指自然科学和自然科学教育。

（二）科学是过程

以上对于科学的理解，无论是自然科学还是社会科学、思维科学，都是从静态的角度，将其看成一种静态的知识体系。但是这一理解并不全面。科学不仅是一种知识，更是一种过程，即获取知识的过程。只有认识到“科学是一种过程”，才有可能全面把握科学的含义。

提出“科学是过程”，主要基于以下两方面理由：

1. 科学知识的获得离不开科学过程

任何科学知识都不是孤立于科学过程之外而存在的，相反，它是科学过程的产物。简单地说，科学过程一般包括以下的环节：

（1）观察和发现。

（2）假设和检验。

（3）推理和形成结论。

（4）解释和预测。

以有关月食的科学知识为例，人们今天拥有的关于月食的各种知识，都是在长期的科学探究过程中获得的。人们通过观测天象发现月食的产生，然后提出各种假设，如月亮是被“天狗”吃掉了，或是被某个物体阻挡了，并用事实检验。人们在所观察到的事实基础上，进行合乎逻辑的推理，并形成结论：发现每次月食发生时月球总是按自西向东的顺序先后被食，这和月球绕地球公转的方向一致，说明它和月球所处的位置有关；而且月食总是发生在农历月半左右，而此时太阳、地球和月球的相对位置基本成一直线，因此可以断定是地球的影子遮挡了月球。人们根据已形成的认识进一步解释有关的现象，如为什么有的时候月球完全被食，有时只是部分被食？还可根据三球运行及其位置变化的规律，预测将来可能发生的月食现象。由此可见，科学知识的获得和科学过程是紧密不可分的。任何科学知识的来源都不是权威论断，也不是主观臆断，而是基于事实的证据和合乎逻辑的推理，这也是我们在后面章节会讲到的科学探究的过程。

2. 科学不仅表现为结论的科学性，更表现为过程的科学性

从科学发展史的角度看，没有永恒不变的真理，没有永远正确的知识。在某种意义上说，科学的客观性不仅在于其认识结果的客观，即科学知识符合客观实际，更在于它过程的客观，即在可观察的客观事实基础上进行合乎逻辑的推理，并对推理的结果进行验证。可以说，科学认识过程的客观性保证了科学知识的客观性，尤其是保证了科学知识在新的事实证据面前，能及时地修正自己，成为一个开放性的知识体系。

随着科学技术的进步，科学研究的手段日益更新，科学过程也日益复杂。但是，作为科学探究的基本过程——观察和发现、假设和检验、推理和形成结论、解释和预测，却是长期存在的。例如：从肉眼的观察，到光学显微镜的应用，再到电子显微镜的应用，工具改进了，观察的结果更精确了，但观察作为科学过程中一个不可缺少的方法和环节却一直存在。

综上所述，在科学知识的“光环”背后，是人们常常予以忽视的科学过程。要完整地把握科学的内涵，就应该认识到，科学不仅是指人们对客观世界的一种正确认识和知识体系，也指人们用科学的方法探索世界、获取知识的过程。这两个方面是统一的、不可分割的。科学知识的获得要依赖于科学过程，过程的科学性保证了知识的科学性。在实践中，

如果我们把科学知识和科学过程割裂开来，脱离科学过程来看待科学知识，就不能完整地理解科学的内涵，导致知识绝对主义的观点，甚至出现对科学知识的盲目崇拜。

（三）科学是世界观

科学不仅仅是知识和认识知识的过程，同时也是一种世界观，是对世界（包括对科学活动和科学知识本身）的基本看法和态度。科学活动起源于人类的生产实践和生活实践。而从根本上说，科学活动缘于人类对周围世界的好奇心和求知欲。因此，从这个意义上说，科学是一种人生态度。

尽管某些动物被证实已经具有好奇心的萌芽，但是将这种好奇心上升为一种理智的力量，并以此为动力构筑起科学知识大厦的，只有人类。尽管从事科学活动的人出于不同的（其中包括功利的）目的，但绝大多数科学家都将好奇心视作科学活动的最伟大的动力，我们在为人类所创造的科学文化感到惊叹的同时，不得不注意到它背后所蕴藏的精神力量！今天，人们几乎达成这样的共识：科学不是纯粹客观的、价值中立的，它本身就是一种精神、一种价值追求，真正使科学光芒四射的，不是科学知识，而是科学精神及其所追求的价值！正如1548年出生在意大利的布鲁诺，受当时文艺复兴思想的影响，极力倡导思想自由，宣扬无神论。当他一接触到哥白尼的日心说，马上燃起了火一样的热情，他本身并不是一位天文学家，但他通过哲学思辨得出宇宙无限性观念。当教会因为他的激进思想将他处以火刑时，他却轻蔑地说“你们宣判时的恐惧甚于我走向火堆”。正是对于科学价值的追求，让布鲁诺面对威胁毫无恐惧，宁可献出生命也要坚持真理。

早在20世纪40年代，科学社会学的创始人罗伯特·默顿就已揭示了科学所独具的“精神气质”。他称科学的精神气质是一套约束科学家的价值和规范的综合，具体地表现为科学家的价值观念和科学良心。在默顿看来，四种规则——普遍性、公有性、无私利性和有条理的怀疑性构成了现代科学的精神气质。默顿的观点提示我们，科学不仅是一套知识体系，它也是一种价值观和世界观。到了20世纪90年代，美国科学促进协会在《面向全体美国人的科学》一书中提出，“科学世界观”的内涵应该包括①：

1. 世界是可以认识的

科学认为世界上的万事万物都是有规律的，因而也是可以通过系统的研究加以认识的。即使是那些暂时无法解释的所谓“神秘”现象，也一定是受某种客观规律的支配，也是可认识的。科学排斥不可知论和迷信的观点。

2. 科学认识是可以改变的

科学是获得知识的过程。在这个过程中，对原有知识的修正甚至抛弃是正常的。没有

① 资料来源于美国科学促进协会（AAAS）的“2061计划”网站：http://project2061.aaas.org，该书中文译本由科学普及出版社2001年出版。

尽善尽美的科学解释，只有不断地改变原有认识，才能使之更具真理性。

3. 科学知识是持久的

尽管科学知识是可以改变的，但是这种改变并不是全盘抛弃。科学认识的发展具有持续性。换言之，新的知识往往是对旧有知识的修正和补充，例如，爱因斯坦提出的相对论，不是完全否定了牛顿力学，而是指出了牛顿力学在适用范围上的局限性。事实上，我们仍旧在用牛顿力学解释很多现象，只不过它的解释是有限度的。

4. 科学不能为所有的问题提供完善的答案

不是所有的问题都能够通过科学来解决，对于那些涉及价值判断的问题，科学是无能为力的。科学可以帮助我们认识世界，科学本身却无法决定我们如何运用科学。例如在计算机时代，人们把数学计算法变成了一个个计算机程序，借此将世界纳入可计算的网络中。这个过程并不只是为了推究道理，而是源于人类自己“控制”和“征服”的意志。

以上四个方面概括了科学世界观的核心内涵。一个具备了科学世界观的人，无论在进行科学工作时，还是在对待具体的事物时，都能表现出科学的态度。科学态度是科学世界观的具体表现。美国学者第得利（P. B. Diederich）列举了18种科学态度①：

（1）怀疑：不要对任何事情都认为理所当然，要问为什么。

（2）相信解决问题的可能性。

（3）实验的证实：主张用实验来证明各种想法。

（4）精确：用精确的实验而不是含糊不清或感情化的方式表达。

（5）喜欢新事物：对新生事物采取支持的态度。

（6）愿意改变意见：在可信的证据面前乐意改变自己的信念。

（7）谦虚：相信很多事情都是难以确定的，因此对未经证实的想法不过于自信。

（8）忠于真理：即使发现自己过去所下的结论是错误的也不感到羞耻，而是忠于事实。

（9）客观：不凭自己的喜恶而是用事实来证实一件事。

（10）不迷信：对怪异的事情努力寻求科学的解释。

（11）渴望知识的完整性，努力寻求知识之间的普遍联系。

（12）保留判断力：在自己调查清楚之前，对于别人的既定结果不急于表态。

（13）区分假设和解决问题：知道假设是需要检验的，不等于解决问题。

（14）保持可能性：对一个问题要不断地提出假设。

（15）判断的普遍性：相信通过科学实验得出的判断具有普遍的说服力。

（16）尊重理论：认识到科学理论的重要性。

① 王美芬，熊召弟. 国民小学自然科教材教法. 台北：心理出版社，1995：57.

（17）量化的习惯：喜欢用数字表达事物。

（18）接受概率的观念：认为自然界中很多事物的发生是随机的。

因此，如果我们仅仅把科学理解成认识事物的过程和方法，还不能完全揭示科学的内涵。从广义上说，科学意味着认识世界的方式和看待世界的方式。尽管科学排斥任何主观的价值判断，但是我们又不能否认，科学本身就是一种价值观。科学体现了人类所共同追求和崇尚的价值观——诚实、勤奋、公正、好奇、愿意接受新思想、敢于怀疑和想象等。尽管这些价值观不是科学所发明的，也不是科学所特有的，但是，它们在科学中得到了充分的体现，构成科学内涵所不可或缺的一部分。

总之，我们可以这样理解科学的内涵：科学是人们对客观世界的一种正确认识和知识体系，同时也是人们探索世界、获取知识的过程，还是一种世界观、一种看待世界的方法和态度。科学的本质，不在于已经认识的真理，而在于探索真理。科学过程的核心在于探究，科学态度的核心也在于探究精神。而科学知识，正是科学探究的具体结果。

三、科学与科学教育

科学与科学教育的发展几乎是同步的，科学教育的内涵随着科学在整个社会中的地位与作用的变化而变化。随着科学观的迅速发展、社会的进步和教育的变革，科学教育已从传统的学科教育向现代科学教育转变，产生了现代科学教育新概念。当前，不同国家也制定了相应的标准来规定不同阶段的科学教育到底应该教什么。综合国际上现阶段执行的一些科学教育标准，我们对科学教育的国际趋势总结如下：

（一）科学教育目标以科学素养为中心

现代科学教育在教育目标上由以知识技能为中心转向以科学素养为中心。经济合作与发展组织（OECD）在2015年PISA框架中把科学素养定义为“作为一个有反思精神的世界公民，去从事与科学相关事务的素养”。

中国科学技术协会1999年发布的全民科学素养大纲《2049计划》提出“实施全民科学素质行动计划，在2049年实现人人具备科学素质的目标，首要的工作是将幼儿（3岁起）到高中毕业（18岁）这15年分成若干阶段，每一阶段从科学概念及科学知识、科学世界观和方法论、科学能力和技术能力3个方面，制定由低到高、循序培养的科学素质标准，以作为实施科学素质行动计划和检测、评价公民科学素质变化的准绳”。科学素养强调科学知识、情感和能力的整合，如图1-1所示，知识、情感、能力三者构成了一个稳固的三角形，缺失了任何一个维度，三角形就会失衡。

教育部颁布的《义务教育小学科学课程标准》中明确指出提高科学素养“对于公民改善生活质量，增强参与社会和经济发展的能力，建设创新型国家，实现经济社会全面、协调、可持续发展都具有十分重要的意义”。《幼儿园教育指导纲要（试行）》中也明确指出幼儿园科学教育应综合发展幼儿的知识、技能、能力、情感和态度。

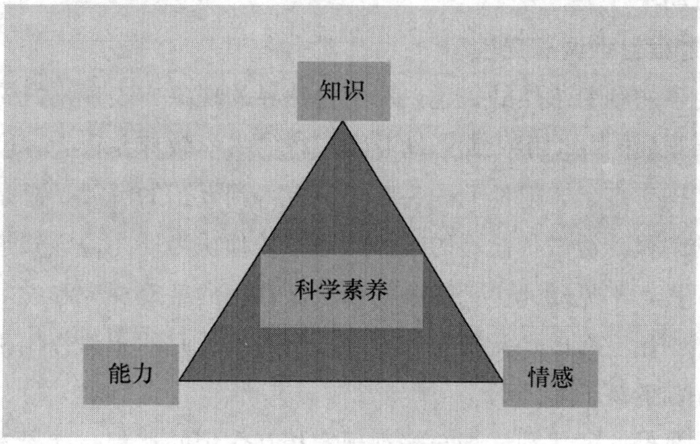

图 1-1　科学素养结构图

拓展阅读

中国科协第八次中国公民科学素养调查（2010 年）

第八次中国公民科学素养调查，是由中国科普学会在 2009 年 11 月至 2010 年 5 月展开的调查。调查内容主要包括中国公民科学素养状况，公民获取科技信息与参与相关活动的情况，以及公民对于科学技术的态度。报告中将公民的基本科学素养分为三个要素：首先，了解必要的科学知识；其次，掌握基本科学方法；再次，崇尚科学精神。根据调查结果，在这三个要素中，崇尚科学精神的公民所占比例最高，将近 65%。综合下来，2010 年中国具备基本科学素养的公民比例达到 3.27%。尽管这一比例比之前的 1.60%提高了 1.67 个百分点，但这个水平只相当于日本、加拿大等主要发达国家和地区 20 世纪 80 年代末、90 年代初的水平。

资料来源：王以芳，房瑞标．中国科协发布：第八次中国公民科学素养调查结果．科协论坛，2010 (12)：30.

（二）在教育内容上强调与现代社会生活的结合

幼儿需要学习现代社会生活中的科学技术知识，获得解决问题的能力，为未来生活做准备。一些科技产品，如电子白板、平板电脑、机器人等已经走进幼儿的日常生活与教育课程。此外，人们在反思人类与环境的关系、反思自身的生存观和发展观的基础上提出了“面向可持续发展的教育”的理念，可持续发展观也渗透在当下的幼儿科学教育中。例如：

一些幼儿园通过使用废旧材料做玩具、开展垃圾分类等活动渗透可持续发展的观念，也有幼儿园以“雾霾”为主题开展系列科学探究活动，帮助幼儿树立可持续发展的观念、参与到可持续发展的行动中。

（三）在教学过程上强调探究性

幼儿对周围的事物有着浓烈的兴趣，对于自然界的现象亦表现出好奇、好问与强烈的探索欲望，他们喜欢发问并动手探究。幼儿园现行的科学教育在很大程度上解放了幼儿的手脚，幼儿感知和操作多了，但他们的头脑还没有得到真正的解放，总是在教师的指挥下运转，听从教师的解释，看教师让看的东西，回答教师认为幼儿应该知道的问题。这是一种“只见教师主导教，不见幼儿主动学”的现状。真正的主动探究和学习，应该让幼儿自己产生疑问或疑惑，用已有的经验猜想和解释，然后按幼儿的想法作用于物体，作用的结果又会调整幼儿先前的认识和经验。

这一过程应该是幼儿的主观认识与客观现实相互作用的过程：如果客观现实或实验的结果与幼儿预先的猜想和解释一致，将强化幼儿原有的认识，提高幼儿原有经验的概括程度；如果客观现实或实验的结果与幼儿预先的解释相矛盾，将促使幼儿调整自己的原有认识，形成新的解释，再去与现实相互作用，构成不断演进的主动建构过程。然而，在实践中，教师往往很难做到这一点，总是在幼儿有猜想和解释之前就急于把答案告诉幼儿，或在幼儿经历足够的探究，获得足够的经验之前就急于替幼儿概括和总结。这种教育方式实际上不是真正的主动探究和学习，幼儿的操作往往是在验证教师的想法而不是幼儿自己的想法，幼儿获得的认识不是自己经验的概括而是教师告诉的事实。科学教育的过程应该成为幼儿的探索过程，成为幼儿猜想、尝试和发现的过程。

第二节　幼儿的科学学习

对于幼儿而言，科学意味着什么？幼儿头脑中的科学如何形成？幼儿的科学与成人的科学有什么异同？对这些问题的认识，与幼儿园科学教育的价值，幼儿园科学活动设计、实施和评价等有着紧密关联。

一、幼儿的科学

承认幼儿有自己的“科学”，是我们开展幼儿科学教育的前提，而理解“儿童的科学”与成人科学的相同点和不同点，有益于实施真正符合幼儿年龄特点的科学教育。

（一）幼儿的科学是经验层次的认识

对于成人而言，科学是运用范畴、定理、定律等高级思维形式反映其对各种现象的本质和规律的认识的知识体系。对于幼儿而言，科学其实就是处于该年龄阶段的幼儿其自身经验对各种现象的认识。

由于幼儿的思维处于发展过程之中，以具体形象思维为主，他们对于物质世界的认识还是感性的、具体形象的，思维还常常需要动作的帮助。虽然抽象逻辑思维开始发展，但是还不能运用高级的思维方式对事物加以概括、判断和推理。幼儿对现象的解释在成人看来或许是不合逻辑的，但却是基于自己的经验做出的解释，是合乎幼儿“自身逻辑”的。例如：面对一摊烂泥时，幼儿可能会想知道：如果我一脚踩下去，会发生什么事？泥巴踩起来会怎么样，会不会从我的脚趾缝挤上来？紧接着，他们一脚踩上去，以证实他们的想法。幼儿的思维特点决定了他们的科学经验是直接的、具体的，而不是间接的、抽象的；是描述性的，而不是解释性的。一旦要让幼儿说明具体事物背后的间接的联系，或者解释现象背后的因果关系，幼儿就显得无能为力了。因此幼儿科学教育不能更不必要求幼儿对科学知识和现象的理解达到与成人一样的水平。

（二）“儿童的科学”是一个自我建构的过程

尽管我们说幼儿有自己的科学，来自外部的灌输无法取代他们自己对客观事物的理解，但也并不是说“儿童的科学”是一成不变的。正如人类的科学认识是在自我批判的过程中成长起来的，“儿童的科学”也经历着一个不断改变的过程。

随着生活经验的丰富，幼儿对周围事物的认识也在不断地改变，当这些直接的、间接的经验与幼儿已有的认识不一致时，新旧经验之间的冲突、同化、整合就导致了幼儿认识的改变，这就是知识建构的过程。例如：幼儿起初发现指南针总是指向小猫，经过一段时间后，他会发现即使没有小猫在，指南针也会转动到某个位置，这时他就可能认识到，指南针的转动也许和小猫并没有什么关系，从面转向寻求新的认识，如总是指向门窗等等。除了生活经验以外，幼儿的认知能力的发展也是促使其认识不断发生改变的重要因素。随着幼儿的年龄增长，他们会逐渐放弃那种主观的、自我中心的思维方式，而代之以寻求客观的解释。他们对世界的认识会越来越接近于成人的科学认识。

因此，与其说“儿童的科学”是一种肤浅的、不完善的认识，还不如说它是一个知识建构的过程。我们应该用一种发展性、过程性的观点来理解“儿童的科学”，把它看成一种处在不断发展、变化和完善过程中的科学认识。

（三）“儿童的科学”是对世界的独特理解

我们既要看到，“儿童的科学”是一种不完整的认识，一种发展中的认识，同时也要看到它的独特价值。哲学家李克特曾在其《科学是一种文化过程》一书中，把儿童在科学认识方面的局限性描述为既“接受得太少”，又“接受得太多”。这是对“儿童的科学”的生动论述。所谓“接受得太少”，指儿童对于事物难以从多个角度而只能从自己的观察角度出发，获取一些片面的信息；而“接受得太多”是由于儿童不能区分主观体验和客观信息，即主观的感受、意愿和客观的观察结果之间的区别。

但是，也正由于“儿童的科学”带有主观的色彩，而使其更具诗意和想象。这既是儿童科学的不成熟之处，也是其独特之处。科学发展至今天，我们似乎已经忘记人本是大自然的一部分。“客观性”使我们站在自然之外冷漠地而不是投入情感地研究科学，理性和逻辑遏制了我们的想象力。在某种意义上，“儿童的科学”恰恰弥补了现代唯理性科学的不足。儿童在假想的游戏中探索自然；以投入的情感与自然对话；用诗意的想象解释自然……也许，“儿童的科学”的这一特点正反映了科学的真义。

二、幼儿学习科学的基础

尽管我们一直在强调儿童与成人科学的不同之处，但这不意味着在学前阶段儿童不具备学习科学的能力。如果将科学定义为对知识的不断检验、修正，不断通过探索去创造新知识，那幼儿无疑天生就是“科学家”。想一想，生命的全程中又有哪一个阶段能像幼儿阶段一样乐此不疲地去探索这个充满未知的世界，不断丰富、修正自己对这个世界的认识呢？

（一）幼儿科学学习的动机基础

幼儿带着与生俱来的好奇心和探索欲望，他们好问、好探索，他们生气勃勃、精力充沛，不知疲倦地探索着周围的世界。尤其是3岁以后，幼儿会抓住家长、老师或其他熟悉的成人问个没完。如果留心，我们会发现，幼儿最初关心的问题都和自然有关，他们想要知道很多事情是怎么一回事，以及世界为什么会是现在这个样子。

天空为什么会是蓝的？

小草为什么会是绿的？

太阳是什么？

鸟儿为什么会飞？

为什么冬天冷、夏天热？

…………

幼儿对身边的科学现象有着天然的敏感和兴趣。有一项研究发现当幼儿与成人在一起时，幼儿每个小时会问76～95个想要获取信息的问题，平均每2分钟就要问3个问题[①]。这些问题几乎涵盖了自然科学的所有内容领域：生命科学、物理科学、地球科学、技术等。设计巧妙的科学绘本也非常吸引儿童，比如“看里面系列”丛书是幼儿阅读区极受欢迎的丛书，幼儿喜欢不断翻动知识卡片。在对于画面所包含的信息以及信息之间的关系并

① Chouinard M M. Children's Questions: A Mechanism for Cognitive Development. Monographs of the Society for Research in Child Development, 2007, 72 (1, serial No. 286): 7-9.

不明确的情况下，幼儿依旧对其表现出求知的兴趣和听成人讲述的欲望。

三四岁的幼儿不仅通过各种感官进行观察、操作、实验来认识周围事物及其关系，还乐于使用工具进行科学研究。比如：让卡车在不同粗糙程度的地面上走，观察不同的表面对卡车速度的影响；在水或沙地里探索，让水或沙流过手指注意其流动的快慢和手指的感觉；让沙或水流过漏斗，注意其流动的快慢；观察蚯蚓爬行的方式，用放大镜看看蚯蚓的脊部；用筛子筛分物体，看看什么能通过，什么不能通过；等等。到了6岁，幼儿开始认识到观察越仔细，获取的信息越多。他们开始有意识地运用多种感官，并开始能使用工具和图书来帮助自己收集科学数据。他们经常使用天平、容器、放大镜等工具，有时自己也浏览图书，他们开始思考如何使用某种工具和为什么这种工具能帮助他们进行特定的科学研究。

（二）幼儿科学学习的经验基础

奥苏贝尔曾说，“如果我不得不把教育心理学的所有内容简约成一条原理，我会说：影响学习的最重要的因素是学生已知的内容”①。了解和重视幼儿已有的科学经验对于幼儿科学教育至关重要。

基于不断的探究，儿童会用他们独特的理解方式形成自己的科学经验。幼儿在人类重要的知识领域已经有自己的“朴素理论”（naive theory），他们在受到正式教育前，就用这种理论来解释现实世界的现象（第二章会介绍更多关于朴素理论的内容）。儿童能根据朴素理论预测将要发生的事情，并解释它为什么会发生②。例如：2岁的幼儿知道人不能住在月球上，问其为什么，他会回答“会摔到地上”，这种非科学的、启发式的（heuristic）回答对儿童本身的意义是重大的，儿童可以借此把纷繁复杂的世界纳入自己的认知框架中，并做出推理和预测③。下面，我们来看关于幼儿建构科学经验的案例。

拓展阅读

案例——幼儿建构科学经验

教师：“太阳会不会掉下来？”

幼儿：“太阳不会掉下来，因为如果它掉下来，我们就会死了。”

教师：“为什么会有春夏秋冬？”

幼儿：“这是为了让咱们换个天气，因为太冷了，就把人给冻死了，太热了就把农村的地干死了。”

教师：“为什么有白天和黑夜？”

幼儿：“白天得起来上幼儿园、上班，晚上得睡觉。”“因为只有一个太阳，一个月亮。

---

① 施良方．学习论：学习心理学的理论与原理．北京：人民教育出版社，1994：232.

② Gopnik A. The Scientist as Child. Philosophy of Science，1996，63（4）：485-514.

③ 朱莉琪．儿童科学概念的认知发展．心理科学进展，2006（4）：569-573.

它不能光照一个地方，还得去照别的地方。”

在这个例子中，幼儿并没有表现出明显的探究行为。似乎他很满意自己对问题的回答，而且非常自信。当然，我们深信这个幼儿的回答是与他过去的经验有关的。他认识到人类的生命活动与太阳相关，并且太阳是稳定有规律地存在的。此外，幼儿还认识到太阳会发光发热，昼夜变更与太阳和月亮的交替相关。这也是“幼儿的科学经验”——幼儿对于自然界的现象有着自己的思考和解释。他根据过去的生活经验（也许是贫乏的生活经验）和当前观察到的事实，对自然现象有着自己的判断，尽管是不准确的判断。

三、幼儿学习科学的方式

幼儿是小小的科学家，他们观察周围的世界，提出问题、搜集信息并形成自己对世界的理解。探究的过程是幼儿学习科学的主要方式。

在探究的过程中，幼儿首先要发现并提出问题。幼儿感兴趣和关注的大多是与他们自己的生活密切相关的事物和问题。如小白兔喜欢吃什么？影子为什么总是跟着自己走？草地里的小虫子冬天会不会冷？其次是聚焦探究问题，做出假设，拟定调查方案。这一步通常需要成人的指导和协助。例如，探究“蒜苗种在哪里长得更高”的问题，有的幼儿认为土里的蒜苗长得更高，有的幼儿认为水里的蒜苗长得更高。虽然这是一个容易观察到的简单问题，但还是需要制订相应的调查研究计划并付诸实施。为了验证假设，需要收集相关的证据。这一过程可以利用相关的工具和技术，除了传统的工具，还可以尝试采用数码相机、摄像机等现代化科技手段来辅助幼儿收集证据。在收集证据的基础上，科学家会对证据与解释之间的关系进行批判性和逻辑性思考，对问题做出解释，并将科学论点进行交流。对幼儿来说，这主要表现在对探究结果的分享和讨论，并在此基础上形成自己的解释和观点。当然，幼儿的解释往往是基于自己的生活经验的，也会受主观偏好的影响。

拓展阅读

案例——风的奥秘

北京的春天是孩子们探究风的好季节。3—6 月，自然界魔法般地将微风、中级风、大风、沙尘暴呈现在我们面前。抓住这个时机，我们在园里开展了一系列探究风的活动。孩子们通过探究，了解风的一些特征。

1. 我知道今天有风

为了让孩子们感受风的存在，组织孩子们展开讨论。“你怎么知道有风?”提问引起了孩子们的讨论。“听天气预报就能知道是不是有风。”“看操场上的国旗飘不飘就知道有风没风。”“看看树枝动不动也行。”“要是有风，脸上会觉得凉凉的。”孩子们回忆着以往的经验。

从孩子们的讨论中感到他们对风的感受还不充分。于是，我带领孩子们在有风的日子里，感受风的存在。他们惊奇地发现，风来的时候，自然界有着各种奇妙的变化：榆叶梅、梨树的花瓣随风飞舞，池中的水泛起涟漪，彩旗迎风招展……

2. 风有时候大有时候小

自从孩子们对风产生了浓厚的兴趣，我便开始引导他们把有关风的内容与每天的天气记录结合起来。一个星期五的早上，我拿着一周的天气记录表问孩子们：“从有关风的记录中，你们发现了什么？”田田说：“星期二刮的是1～2级风，星期四刮的是3～4级风，风有级数。”“风级说明什么？”我追问道。“说明风有大有小”，“有的风力量大，有的风力量小”，“风力不一样”，孩子们七嘴八舌地谈论着。“微风时你有什么感觉？”我进一步提出了问题。“柳枝在风中轻轻地晃。”“我的头发被吹乱了。”“国旗飘得高高的。”“风吹在脸上痒痒的。”显然，孩子们把在微风、中级风中的感受混淆在了一起。由此可见，他们对风的存在虽然有了一定的感知，但对风力大小的认识并不准确。

为了引导孩子们进一步探索，根据天气预报，在微风的日子里，我带领孩子们再次来到户外。我问：“在微风里你听到了什么，看到了什么，感受到了什么？”孩子们说听不到什么声音，看到水面上泛起了小波纹、迎春花的叶子在微微颤动，感受到风吹在脸上很舒服……在对微风进行探索的基础上，孩子们开始关注每天的风力变化。在中级风、大风和沙尘暴到来时，他们自发地要求到户外去感受，然后将自己的体验与发现用图画的形式记录在个人的记录表中。两个月后，全班幼儿将不同风力下的不同感受做了如下归纳。

风的奥秘—班级记录表

	听到	看到	感受到
微风	没有什么声音	柳枝微微晃动 迎春花的叶子微微颤动 水面泛起波纹 头发帘吹得有点儿动	凉爽、舒服 吹在脸上痒痒的 有股清凉的空气
中级风	呼呼声	松树树尖晃动 花瓣飘落下来 红旗飘起来 骑车人的衣服鼓起来 头发飘起来	顺风走省力，逆风走费力 吹到脸上凉凉的 风吹眼睛里迷眼 有凉气从头顶流过 吹进袖口冷
大风加沙尘	很大的呼呼声	树枝晃得很厉害 梨花瓣掉了一地 天是黄色的 操场上有土飞起来 大型玩具上全是土 帽子吹飞了，站牌吹倒了 头发吹得乱七八糟	走路好费劲 脸上都是土 睁不开眼 耳朵吹疼了 嘴里有沙和土 感到有土味 吹得人好冷

3. 风从哪边吹来

一天，我问孩子们："天气预报中说今天是南风，这是什么意思?""南风就是风从南边刮来。""是风向。"几个孩子抢先答道。"用什么办法可以判断风向呢?"我的问题使孩子们陷入了思考之中。"看国旗飘动的方向行吗?""跟着风跑行吗?"几个孩子低语着。户外活动中，孩子们果然用他们的方法证明着风来的方向。乐乐、凡凡等小朋友观察着幼儿园的旗子飘动的方向，说："朝着教室的方向飘。"壮壮、庄众等小朋友在风中跑了一阵说："张老师，我们朝这边跑真费劲。朝那边跑，好像有人推"……更多的孩子将塑料球、纸筒放在操场中间，让它们随风滚动。孩子们高兴地欢呼起来："风真的是从南边吹来的。"

了解了风是有方向的这一特征后，我又问孩子："怎样把风向记录下来?"孩子们各抒己见。于是，有的标汉字，有的标箭头。虽然记录还欠精确，但他们毕竟又向着科学的记录方式迈进了一步。

4. 屋里没有风，小风车也能转起来吗

进入6月，风小了，天热了，风车很少有人问津。"这些玩具在屋里能玩吗?"一天，我拿出一些风车问孩子们。"屋里怎么玩? 屋里没有风。"孩子们疑惑地你看我，我看你。"没风可不可以造点儿风呀?"我的提醒一下子点燃了孩子们制造风的热情。怎样制造风呢? 带着这个问题，孩子们开始寻找材料。他们从家中带来吹风机、电风扇、打气筒，还在教室找了一些垫板、扇子……孩子们用纸板、扇子扇，用电风扇吹，把气球吹鼓后撤气，一共尝试成功了两种制造风的方法。虽然他们没有真正看到风形成的过程，但是这些生动有趣的探究对他们今后的成长将具有深远意义。

5. 风能帮我们做好多事情

由于沙尘天气的出现，孩子们感受更多的是风给人类带来的种种不便。于是我不失时机地提出问题："风的确给我们带来一些不便，可是，风有没有什么好处呢? 它能帮我们做什么?"通过不断地收集信息与资料，孩子们逐渐发现风能帮人类做许多事情，利用风可以放风筝、玩风车、发电等。我们相信，了解风的利与弊有助于孩子辩证地看待事物，从小形成科学的思维方式。

（北京市第五幼儿园张靖）

资料来源：刘占兰. 促进幼儿教师专业成长的理论与实践策略. 北京：教育科学出版社，2006：400.

正如科学家的探究一样，幼儿的科学探究过程不是线性的，而是不断循环、螺旋上升的。幼儿在探究的过程中会不断发现新的问题，并且不断进行新的尝试。在这个过程中幼儿的科学经验与科学探究能力都能得到丰富与提升。

第三节　幼儿科学教育的内涵与价值

一、幼儿科学教育的内涵

幼儿科学教育并不是现代社会发展的产物，我国早在古代时期就已经出现了早期的科学启蒙教育。科学教育发展到今天，几经变化，在发展的每一阶段都有其自身的特点。

古代幼儿科学教育最大的特点在于通过蒙学读本结合识字教育进行，主要局限于解释一些常见的、粗浅的科学现象、概念和农作物知识。比如西汉《急就篇》中的“稻黍秫稷粟麻秔，饼饵麦饭甘豆羹”，就是帮助儿童认识五谷。我国真正意义上通过专门设置自然科学课程进行幼儿科学教育始于清代同治年间。1903 年，我国建立了蒙养院。同文馆中设置了“格致”一科，其内容包括动植物、矿物、理化、卫生等。

1932 年，当时的教育部颁布了《幼稚园课程标准》，正式把常识课程列入课程标准，常识包括自然、社会、数的概念等。

1936 年，教育部公布修订后的课程标准：《小学课程标准总纲》和《小学常识课程标准》。其中明确规定在初级小学（低、中年级）开设“常识科”，包括社会、自然和卫生的知识部分，正式将“社会和自然”更名为“常识”。这是我国历史上政府教育部门明确设立“常识课程”的开始。

1937 年，《幼稚园常识 160 课》出版发行，这本书是根据教育部颁布的《幼稚园课程标准》编辑而成的一部专供幼稚园教师参考的常识教材教法书籍。

2001 年，教育部颁布《幼儿园教育指导纲要（试行）》（以下简称《纲要》），正式将“科学”定位为幼儿园教育内容的五大领域之一。之前十年左右，学前教育界一直交叉使用着“科学教育”和“常识教育”这两个概念，对两者的区别很少进行理论的思考和实践的探讨。目前，人们对幼儿科学教育的看法主要有两种：一种观点认为“科学教育”与“常识教育”没有什么区别，就是原来“常识课”的替换词；另一种观点认为，“科学教育”比“常识教育”增加了现代科技、环境保护等新内容，注重让幼儿了解事物间的关系，增加了幼儿的亲身活动和动手操作。后一种观点比前一种观点进了一步，但仍然没有揭示幼儿科学教育的本质特征，致使人们对幼儿科学教育的认识模糊、观念陈旧，教育实践没有改观，多数教师仍然“用上常识课的方式对幼儿进行科学教育活动”。

社会的发展，科学的进步，教育的变革，科学观的改变及对人与生俱来的能动性“潜质”的重新审视，使我们认识到：幼儿科学教育不应该等同于以往的常识教育，也不应该只是加上些新内容和动手操作的常识教育。幼儿科学教育应成为引发、支持和引导幼儿主动探究，经历探究和发现过程，获得有关周围物质世界及其关系的经验的过程，使幼儿获得乐学、会学等有利于幼儿终身发展的特质。

幼儿科学教育的内涵应包含以下几个重要方面：

1. 幼儿科学教育是引导幼儿主动学习、主动探索的过程

主动性是幼儿终身学习和发展的动力，社会的发展要求教育要培养人的主动性和创造性。不仅如此，人原本就是能动的个体，学习是学习者主动建构的过程。幼儿科学教育必须成为幼儿主动学习、主动探索的过程。

2. 幼儿科学教育是支持幼儿亲身经历探究过程、体验科学精神和探究解决问题的策略的过程

科学教育最重要的价值是使幼儿学会如何去获取知识，如何学习。幼儿科学教育应成为教师支持幼儿通过自己的探索获取知识、解决问题的过程。

3. 幼儿科学教育是使幼儿获得有关周围物质世界及其关系的感性认识和经验的过程

幼儿认识事物的特点决定了幼儿科学教育不应要求幼儿掌握严格的科学概念，而应引导、支持幼儿通过自身与周围物质世界的相互作用获得真正内化的经验。

二、幼儿科学教育的价值

理解“儿童的科学”的双重特性，对于我们正确认识幼儿科学教育的独特价值具有重要意义。特别是在当前的幼儿科学教育实践中，存在着一个误区，那就是使“科学”的知识过早占据幼儿的思想，却未能使“科学”的精神真正进入幼儿的心灵，根据我们对“科学”及“儿童的科学”的理解，科学教育对于幼儿的价值远远不止于对他们进行科学知识的灌输，更表现在对幼儿发展的全部方面及对幼儿一生的深远影响。

（一）科学教育是幼儿思维的“实验室”

在幼儿科学教育中，幼儿通过直接探索这个世界，获得了丰富的知识经验。这些经验在他的头脑中并不是杂乱无章地排列的，而是组成了一定的认知结构。幼儿组织经验的过程，就是在经验与经验之间形成关系的过程。通过对这些经验加以比较、概括，幼儿逐渐认识到这个世界的多样性和共同性。随着概括能力的提高，幼儿开始在各种关系之间建立新的连接。可以说，幼儿科学教育就是幼儿思维的“实验室”，它既反映了幼儿思维实验的结果，又为新的思维实验提出了问题。幼儿的科学演进历程，就是幼儿思维发展的轨迹。

从科学理论建构的角度看，尽管幼儿的科学认识是一种经验形态的知识，它却是幼儿未来建构科学概念的基础。因为任何概念都不是孤立存在的，而是对丰富多样的具体事物的概括。幼儿早期获得的科学经验，正是为这种概括提供了具体而形象的材料。而且，幼儿获得有关某科学概念的广泛的经验，不仅为他建构抽象的概念提供了具体的表象支持，还能使得他对概念的理解更加丰富和深刻。曾有一位老教育工作者这样回忆自己的童年经

历："我小时候生活在农村，经常接触各种田间作物，尽管不知道什么'单子叶植物'和'双子叶植物'，但它们的形象都印刻在脑中了。后来到大学里学习生物学课程，老师讲到'单子叶植物'和"双子叶植物'的概念，那些生活在城里的同学都觉得非常抽象，而我马上就联想到儿时的经历，就觉得非常容易理解。"这个事例正说明了童年时期积累的科学经验对于将来建构科学概念有重要意义。

（二）科学教育能够促进幼儿的全面发展

幼儿科学教育是幼儿全面发展教育的组成部分，是通过"科学"这一内容对幼儿进行全面发展教育的活动。科学教育的价值不单单体现在认知方面，还能够使幼儿的各个方面都获得全面和谐的发展。例如：激发幼儿的好奇心、科学兴趣和对周围世界的积极态度；丰富和积累幼儿的科学知识和经验；发展幼儿的科学技能、教会其学科学的方法；培养幼儿的主动性、积极性、独立性、创造性、自信心等良好的个性品质。

科学教育给幼儿以直接接触和探究客观世界的机会，在这个过程中，幼儿不仅获得了科学知识，而且得到了全面的发展。例如在一次活动中，大班幼儿尝试怎样使物体移动，他们想出了各种各样的方法，用手推，用脚踢，用嘴吹，用磁铁吸……就连平时大家都觉得他"笨"的小朋友也想出了一个与众不同的方法：用水冲。教师对这个想法予以表扬并当场演示，结果真的成功了，大家都很开心，这位小朋友更加开心了。从这里我们可以看出，幼儿除了获得了物体怎样能移动的经验外，还产生了对这类现象的兴趣，学习了探究的方法，学会了表达交流的方法。而对那位提出与众不同方法的幼儿来说，这更是一次成功的体验，他从中增加了自信，体会到成功的喜悦。据教师反映，这位幼儿后来在科学活动中一直表现得非常积极。所以，对幼儿来说，一次成功就是一百次成功，成功的学习体验能够迁移到其他方面，并有助于其形成积极的自我概念，这就是科学教育对幼儿全面发展的影响。

（三）科学教育会给幼儿的一生带来深刻的影响

幼儿科学教育对个体发展的意义还表现在为幼儿毕生的发展打下重要的基础。一方面，早期的科学经验为其将来理解抽象的科学知识提供了具体的表象支持，是引导幼儿通向科学世界的桥梁；另一方面，童年时的科学经历，会给人的一生留下特别的影响和美好的回忆。许多科学家对幼年时的科学兴趣和好奇心都记忆犹新。爱因斯坦在他晚年的《自述》中曾提到，他年幼时看到父亲给他的一只罗盘针总是指定一个方向，为儿感到巨大的惊奇。这种惊奇保持了一生："……我现在还记得，至少相信我还记得，这种经验给我一个深刻而持久的印象。我想一定有什么东西深深地隐藏在事情后……"① 童年的科学探索经历，使得多少儿童最终走上了探索科学的道路。这正是童年的科学经历对于人一生的影响。

---

① 爱因斯坦文集：第一卷. 北京：商务印书馆，1976：4.

诚然，不是每个人都能成为科学家，但每个普通人若能回想起童年的几次科学经历，或是捉蚯蚓、养蚕，或是放风筝、玩镜子，这些“顽皮”的经历以及那些对世界的天真幻想和幼稚解释，给我们带来多少发现的喜悦和满足！它让儿童感受到童年的乐趣甚至是人生的乐趣，让我们知道了世界的奇妙、学会了关爱生命，这正是早期的科学教育给我们每个人留下的毕生财富。

（四）科学教育有助于发掘具有科学潜能的幼儿并促进其发展

幼儿科学教育能够发现具有科学潜能的幼儿并为其早期发展创造良好的条件。正如幼儿当中客观存在一定比例的艺术天才一样，我们也应当承认有部分幼儿确实具有科学方面的潜能，他们常常表现出一些不同寻常的行为。如：

（1）对别人不太感兴趣或兴趣一般的事物，表现出异乎寻常的探索兴趣。有的幼儿特别喜欢观察小虫子，像蚂蚁、西瓜虫之类的动物，他可以一个人观察很长时间。

（2）对周围事物表现出敏锐的洞察能力，能发现一般人不能发现的事实或现象，比如有的幼儿在热胀冷缩的实验中发现，温度计放在热水中，液柱并不是马上上升，而是先下降然后才上升。

（3）思维方式与众不同，常常想到别人想不到的问题。如爱迪生小时候就曾思考：我为什么不能像小鸟那样飞上天？为什么不能像母鸡一样孵出小鸡？这些想法实属超常规的创造性思维，正是科学天才的表现。

（4）特别喜欢动手尝试，但也经常会造成破坏。比如有的幼儿为了找到收音机里“说话的人”，就把它拆开了。

上述的例子，很可能就是幼儿科学潜能的表现。教师在教育中如能及时发现这些幼儿的探究行为，并且能加以正确引导，就能使他们在科学方面的潜能得以充分的展示，并进一步发展。如果我们能够鼓励那些观察细致的幼儿，支持那些执着探究的幼儿，接受那些“胡思乱想”的念头，容忍那些“捣蛋破坏”的行为，就像爱迪生的母亲那样，为具有科学潜能的幼儿提供一个相对宽松的成长环境，那么早期的科学教育完全能够成为科学家的摇篮。

总而言之，科学教育对于幼儿的意义是和幼儿的全面发展、毕生发展紧密联系在一起的。

思考与练习

1. 从历史发展来看，科学本质在中国语境和西方语境下有哪些异同？
2. 谈一谈科学包含了哪些内涵？
3. 相比成人，幼儿的科学学习有哪些特点？
4. 在课程设计中，教师应如何支持幼儿的科学学习？

阅读导航

1. Chouinard M M. Children's Questions：A Mechanism for Cognitive Development. Monographs of the Society for Research in Child Development，2007，72（1，serial No. 286)：7-9.

2. Gopnik A. The Scientist as Child. Philosophy of Science，1996，63（4）：485-514.

3. 爱因斯坦文集：第一卷. 北京：商务印书馆，1976：4.

4. 马拉古兹，等. 孩子的一百种语言. 台北：光佑文化事业股份有限公司，1998：178.

5. 施良方. 学习论：学习心理学的理论与原理. 北京：人民教育出版社，1994：232.

6. 王美芬，熊召弟. 国民小学自然科教材教法. 台北：心理出版社，1995：57.

7. 王以芳，房瑞标. 中国科协发布：第八次中国公民科学素养调查结果. 科协论坛，2010（12）：30.

8. 吴国盛. 科学的历程. 长沙：湖南科学技术出版社，2013：293-296.

9. 朱莉琪. 儿童科学概念的认知发展. 心理科学进展，2006（4）：569-573.

10. 美国科学促进协会. 面向全体美国人的科学. 北京：科学普及出版社，2001.

11. 吴国盛. 科学的历程. 长沙：湖南科学技术出版社，2013：102.

12. 吴国盛. 什么是科学?. 民主与科学，2016（4）：48-51.

第二章

幼儿科学教育的理论基础

学习目标

1. 理解幼儿科学教育的相关理论。
2. 能将理论灵活运用到幼儿科学教育的活动实践中。

研究并开展幼儿的科学教育活动离不开理论支持。相比于成人，幼儿有着独特的认知特点和行为模式，我们如何看待幼儿，影响着我们在科学教育实践中选择什么样的活动内容和活动形式。幼儿教师需要了解幼儿科学学习的特点和规律，能够运用理论解释幼儿在活动中的各种心理现象，才能进行有针对性的指导与培养。本章介绍了五种重要的幼儿科学教育观点和理论，并就这些理论的共性和差异进行讨论。只有了解多种理论，取长补短，才能真正加深我们对幼儿科学学习与幼儿科学教育相关问题的认识与理解。

第一节　皮亚杰有关幼儿科学学习的观点

一、三种类型的知识

皮亚杰区分了三种不同类型的知识：物理知识（physical knowledge）、社会知识（social knowledge）和数理逻辑知识（logico-mathematical knowledge）。

幼儿通过主动地探索周围的世界，获得的例如颜色、质地、温度、重量和形状这些物体物理属性的知识属于物理知识。

知识不一定都是通过与周围世界的直接互动获得的，也可以通过其他人来获得，这就是皮亚杰所说的社会知识。例如，幼儿在海边想要抓起一只海胆时被妈妈警告："危险，别碰海胆。"他可能获得"海胆危险"的知识，以后也不再去碰海胆。社会知识的内容可以是物体的名称、社会规范，也可以是与物理世界有关的任何知识。

数理逻辑知识则要复杂一些，它是对物理事实的抽象概括。对于青少年或成人而言，他们可以通过他人告知而获得诸如物体在水中的浮力公式（$F=G_{排}=m_{物}g$）这样的数理逻辑知识。但对于幼儿来讲，数理逻辑知识既不能通过直接的操作材料所获得，也不能通过他人的告知而获得，它需要幼儿自己对物理事实进行思维加工（或者用皮亚杰的语言体系来讲需要"运算"）。

拓展阅读

案例——劳里敲螺丝

4 岁的劳里最近对在木板上钉钉子很感兴趣。他把钉子尖头朝下垂直放在木板上，然后拿着小锤子一点儿一点儿把钉子敲进木板。一天，他拿起了一颗螺丝，也想像敲钉子一样敲进木板，可是尝试了几次都失败了。老师观察到劳里的沮丧，走过来对他说："想想看为什么螺丝无法敲进木板呢?"劳里摇了摇头表示自己想不通。老师拿起一颗钉子和一颗螺丝，并排放在一起，对劳里说："观察一下，钉子和螺丝的这一端有什么不一样呢?"这对劳里来讲是个简单的问题，他指向钉子的尖端对教师说："这里是尖的，这个（指向螺丝）不是。"老师对他的答案很满意。但是下午的户外活动中老师发现劳里依然在尝试用锤子把螺丝敲进木板。

资料来源：Forman G E，Kuschner D S. The Child's Construction of Knowledge：Piaget for Teaching Children. Monterey：Brooks/Cole Publishing Company，1977：27.

案例中，为什么劳里能说出钉子与螺丝的区别，但依然在尝试用锤子去把螺丝敲进木板呢？很显然，"钉子能敲进木板，螺丝不能，钉子和螺丝一个尖头、一个圆头"这些都是劳里通过观察操作得到的物理知识，但这些物理知识在 4 岁的劳里的头脑中并没有建立联系，没有被抽象概括出"头的形状与能否被敲进木板之间有关系"的数理逻辑知识。儿童到哪个年龄段才能从零散的物理知识概括出数理逻辑知识呢？我们可以从皮亚杰的认知发展阶段论中找到答案。

二、认知发展阶段

皮亚杰认为儿童是主动的建构者，儿童总是主动地探索周围的世界。例如，儿童通过触摸来学习冰块“冷”的属性，手里拿着冰块，观察冰块从开始融化到变成水的过程，这样的经验才是物理知识的本质。在探索的过程中，他们也会遇到新鲜的、不能用现有认知结构解释的事物，这会导致其认知结构的失衡。这种情况下，儿童便需要重新调整或改变已有的认知结构以重新达到平衡，这就是认知发展的过程。皮亚杰发现年龄相仿的儿童会出现相似的认知错误，他通过临床访谈法以及一系列的经典实验对此进行了深入研究，并将儿童认知发展划分为四个阶段。皮亚杰认为每个认知发展阶段代表了儿童认知和思维的一种发展水平，所有儿童都遵循这样的发展顺序，不可能跳过某一阶段，次序也不可能颠倒。但皮亚杰同时也认为，由于社会和文化的影响以及个体之间的差异，儿童进入这些阶段的年龄可能会有所不同。

拓展阅读

皮亚杰认知发展各阶段及特征

认知发展阶段	年龄	特征
感知运动阶段	0～2 岁	儿童通过动作来获取关于外部世界的知识。 如：新生儿通过吸吮反射获得母亲乳头和橡胶奶嘴的触觉体验，知道二者是不同的； 大一点儿的婴儿通过动作探索周围世界，他们摇动摇铃、勺子、毯子等常见物体发现有些物体摇动会发出声音，有些不会； 2 岁左右能区分自身与客观世界，获得客体永久性。
前运算阶段	2～7 岁	以感知特征和直觉而不是逻辑推理来进行思维（运算）。 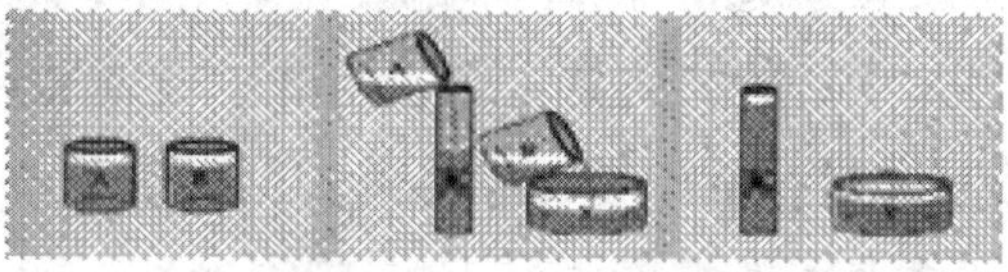 如： 幼儿认为上图中 X 杯中的水更多，因为水面更高；  幼儿认为上图中第一行的笑脸多于第二行，因为它看起来更“长”。
具体运算阶段	7～12 岁	借助具体物体或动作进行认知操作与逻辑推理。 如：能正确回答上面的数量与液体守恒问题，因为可以在头脑中做逆向操作，即把 X 杯中的水重新“倒”回 A 中，或者把第一行的笑脸重新摆回第二行的间距。
形式运算阶段	12 岁以后	形式运算阶段是个体认知发展的最高阶段。这个阶段的儿童已经可以采用逻辑符号进行抽象且系统的运算。这个阶段的主要标志是假设演绎推理。

可见，在不同的认知发展阶段儿童对信息进行思维加工所借助的工具与加工水平不同。幼儿的认知发展处于前运算阶段，此时，幼儿还不具备运用逻辑进行思考的能力。我们可以通过一个科学问题的案例来加以解释，皮亚杰向幼儿演示了两块方糖在水中溶解的现象，并向幼儿提问：有没有什么东西保存在水里？水的重量有没有改变？水面会不会上升①？

7岁以下儿童——糖不见了，也不会再回来了。甚至糖的味道到水里也会消失，就像气味消失一样，水的重量和水面都不会改变。

7岁儿童——糖还在，但变成了液态或糖浆，但这不会改变水的重量和水面。

8～9岁儿童——糖变成了细小的东西，它越来越小，直到我们看不见为止。但是它们仍然在水里，我们虽然看不见这些小微粒，但是能够尝到它。这些小微粒不会增加水的重量，也不会占据空间，所以当所有的糖都变成小微粒的时候，水面还会下降。

10岁儿童——糖的微粒有重量，如果单独称量玻璃杯，水和糖的重量，它们的总重量和糖溶解后水杯的总重量应该是一样的。

12岁儿童——既然每个微粒都要占据空间，那么这些空间加起来应该等于糖加水的空间，所以水面应该上升然后保持不变。

随着不断积累新经验，幼儿通过同化和顺应的机制改变原有认知结构，逐渐向更高一级的认知发展水平迈进。

拓展阅读

同化、顺应与幼儿认知发展水平变化

前运算阶段——————具体运算阶段		
【观察到的新经验】： 鸟儿在附近飞、跳； 它们叽叽喳喳地叫着； 它们的尾巴呈黑色，上面有白点	【经验的同化】（将新经验纳入已有的认知结构中）： 鸟的身体里是什么？ 一个孩子提到“有时候你自己的身体也能提供线索”； 它们和我一样要吃饭和喝水； 雄鸟和雌鸟的外形不同	【对新经验的顺应】（改变已有认知结构以适应新的经验）： 鸟类是怎么吃饭的？鸟儿和我们不一样，鸟儿没有牙齿，鸟儿为什么没有牙齿？鸟儿还能飞，鸟儿是怎么飞的？

三、儿童科学概念的发展——“泛灵论”

从皮亚杰的理论观点来看，幼儿的科学认识明显具有“泛灵论”的特点，因为在幼儿

① Piaget J. Six Psychological Studies. New York：Vintage Books，1967.

的认识中，主体和客体还没有完全分离，他们最大的特点是自我中心，常常以自身的主观想法来取代客观认识，或认为自然界的花花草草、火车飞机、太阳月亮都是有生命的，或认为自然界的现象都是人为的结果，不能理解事物之间的物理因果关系和逻辑因果关系（如表 2－1 所示）。美国心理学家 S. 霍尔则认为幼儿在个体意识发展的过程中，重演了人类意识发展所经历的阶段和过程，这个过程或多或少地伴随着某种自发的宗教意识的出现，幼儿的泛灵论就是自发宗教意识的特征之一。也有心理学家不同意皮亚杰和霍尔的观点，但普遍认同儿童具有“泛灵”的思想。

表 2－1　皮亚杰儿童泛灵论思想阶段及特征

儿童泛灵论思想的三个发展阶段	年龄	特征及案例
第一个阶段	0～5 岁	以整体性的暗示表现万物有灵。 儿童认为任何事物的活动都是有目的、有意识的。 “小草会被踩疼”，“小猫伤心了”。
第二个阶段	5～9 岁	暗示性特征逐渐消失，主客体开始区分，但主观意向仍附着于客体之上。儿童认为主体可以采取某些方式（语言、形象、姿势等）渗透于客体之中。 “太阳和月亮是跟着我走的”。
第三个阶段	9 岁以上	主客体开始分离，儿童开始认识到主体不必追随于客体，泛灵论成分开始消失。

以“生命”概念为例，皮亚杰用临床法对儿童的“生命”概念进行了研究。他向不同年龄的儿童提问“什么是活的?”得到了各种有趣的回答。

在第一个阶段：幼儿认为“凡是活动着的物体就是有生命的”。“活的”对幼儿而言意味着会做某件事或者会移动。例如幼儿认为太阳是活的，因为它会发光；蜡烛发光的时候是活的，不发光的时候就是死了；等等。

在第二个阶段：幼儿认为“凡是运动的物体都是有生命的”。不过皮亚杰也指出，儿童在对自然界的理解中，混淆了机械运动和生物运动。“月亮是活的吗?”“不是，因为它总是待在一个地方。”“它从来没有动过吗？”“有时候会动的。”“什么时候?”“当你走路的时候。”“那它是不是活着的呢?”“是活着的。”“为什么?”“因为它会走路。”

在第三个阶段：儿童能区分毫无理由的运动和自发的运动，并能把自发的运动和生命的存在相联系，对生命的概念达到了全新的水平。“生命是一种自发性的运动。”自行车不是活的，因为是人让它动的；云也不是活的，是风吹着云儿在动。

四、儿童因果认识的发展

皮亚杰在其早年著作《儿童的物质因果观念》一书中提出了儿童因果概念发展的三个

阶段，其中第一、二个阶段所显现出来的特征称为前因果概念期，儿童真正获得逻辑的因果认识则要到具体运算阶段以后。

第一阶段——儿童对世界的解释归因于心理的、魔幻的、现象学及决定论的因素。例如：当问一个孩子为什么会有梦时，他会说那是因为我们做了不该做的事情。儿童还会告诉我们鹅卵石沉到湖底是因为它的颜色是白的，或者月亮挂在天空是因为它有黄色的光芒等诸如此类的答案。

第二阶段——儿童对世界的解释又转向人为论、泛灵论和动力论，魔幻的解释渐趋消失。例如在儿童的眼中，太阳会慢慢长大，云在漂浮是因为它活着，黑夜为什么看不见太阳是因为它睡觉了，飞机轰鸣而过是因为它在笑，等等。

第三阶段——前两个阶段的解释类型进一步消失而被更为理智的解释取代。同样是看天上的云，这时的儿童却有不同的想法。云在漂浮是由于空气的流动而引起的，此时儿童开始把云和它周围的环境联系在一起，朦胧地认识到这是一种机械运动。

儿童因果认识的发展过程如表 2－2 所示。

表 2－2　　儿童因果认识的发展过程

发展阶段	思维类型	典型回答
前运算阶段	现象学（将无关的事实联系在一起）	这有个湖，因为我们需要在这里游泳。 小石子沉到水底了，因为它是白色的。
	泛灵论	太阳是它妈妈生出来的，因为我们也是妈妈生的。
│	动力论（将原因归结为物体内在的力量）	河水往低处流动是因为它有向下流到湖泊的力量，但是它没有向上爬到山上的力量。
形式运算阶段	机械论（将原因归结为外部力量的接触和传递）	河水流动是因为它流经的石头给了它一个推力。
	逻辑的演绎	船如果足够轻，就会浮在水上，并且在水面上占据一定的空间。

五、皮亚杰观点的教育启示

皮亚杰在其认知发展阶段理论中，描述了儿童发展的整个过程，揭示了个体心理发展的规律，同时也证实了儿童心智发展的内发性和主动性。一方面，皮亚杰的研究发现，在儿童的精神世界中具有对“科学”的独特的解释，它不同于成人的科学认识。这个发现把教师的注意力从成人的科学转向了有趣生动的儿童的科学。教师应当理解、接受乃至欣赏儿童对周围世界的科学认识。即从儿童的角度，用发展的眼光看待儿童的科学认识，这对于今天的幼儿科学教育仍具有十分重要的意义。另一方面，皮亚杰认为儿童是主动的学习者，将儿童比喻为科学家。儿童通过自身和周围环境的相互作用，建构关于客观世界的科学认识，当他们操作材料、进行实验、探索发现时，他们就是在进行学习。皮亚杰关注儿童科学认知发展的自发性，提倡让儿童通过主动的探究活动进行自主式学习。皮亚杰的观点突破了传统的“灌输式”的科学教育方法，认为科学教育应该为儿童提供实物和环境，保证儿童能够自己动手操作，通过看、摸、闻等多种方式了解事物属性，也为当代建构主义的教学理论奠定了基础。

当然，联系当今的科学教育理论发展需求和教育实践现状来看，皮亚杰的认知发展理论中也有一些值得我们批判性思考的内容。皮亚杰理论中强调认知发展阶段对儿童科学认识的影响，不免忽视了儿童具体的生活经验对于建构自己的科学认识的重要性。皮亚杰早期的研究是以瑞士山区的儿童为研究对象的，也受地域、文化以及时代的限制。此外，在皮亚杰的理论中，他较多关注儿童认识发展的自发性，相对忽视了教育对促进儿童发展的重要作用。他曾经说过：“你教给儿童的越多，儿童自己发现的机会就越少。”由此可见，皮亚杰主张儿童自主自发地发展，较少讨论成人的支持与干预的价值。

第二节　维果斯基关于儿童科学概念发展的研究

维果斯基（1896—1934）是与皮亚杰同年出生却英年早逝的著名心理学家。美国学者称他为“心理学中的莫扎特”。维果斯基对苏联心理学的发展做出了杰出的贡献，对当代西方认知心理学的研究也有重要的影响。维果斯基在辩证唯物主义观点的指导下，对儿童科学概念的发展进行了深入研究，并强调了教学对于促进儿童发展的作用。

一、维果斯基关于日常概念与科学概念的观点

维果斯基认为，儿童通过与现实世界的直接接触，会自发地形成一套对这个世界的理解体系，即日常概念（也称自发概念，如表 2－3 所示）。日常概念往往抽象程度不高，逻辑性不强，反映的是直接经验所揭示的广泛的、多样的、实际的，却非实质的联系。儿童从学校教学中所获得的科学的基本原理，则是科学概念。科学概念反映的是事物之间内在的、共同的、本质的联系。

表 2－3　　**维果斯基概念类型**

维果斯基概念类型	日常概念（自发概念）	科学概念
内涵	儿童在与世界直接接触的过程中自发形成的对世界的认识	经由教学过程获得的对事物之间本质联系的认识

续表

维果斯基概念类型	日常概念（自发概念）	科学概念
特征	从和物品的直接接触开始； 由下而上的，从较简单的和低级的特性到高级的特性	从与客体的间接关系开始； 由上而下的，从较复杂和高级的特性到比较简单的和低级的特性
弱点	不善于抽象化，不善于自如的运用，而不正确的使用却十分明显	没有汲取丰富的生活经验内容，词语空洞
二者关系	儿童头脑中所存在的自发概念和经由教学获得的科学概念之间既不是毫不相关，也不是简单对立甚至对抗的关系，而是相互联系、相互补充、相互依赖的。一方面，日常概念的发展取决于科学概念，它是通过科学概念向上生长发展的；另一方面，科学概念也要依赖于日常概念的发展，为其进一步向下延伸发展开拓道路	

维果斯基认为，只有当儿童的日常概念与科学概念建立起相互联系时，才能形成有意义的学习。在哈佛大学的一项研究中，研究者给大学生展示一粒种子和一段木头，然后问他们："种子长成参天大树所需的物质主要来源于哪里？"结果发现，绝大多数大学生认为来源于土壤和水。而科学解释应该是来源于植物光合作用吸收并转化空气中的$CO_2$①。这说明学生的日常概念（植物生长所需物质来自土壤和水）是根深蒂固、难以改变的，如果科学概念不能和学生的日常概念之间建立有意义的联系，那么科学概念就很难被应用于解决课堂教学以外的、真实生活中的问题。那么，如何建立两者之间的联系呢？维果斯基认为教学是关键因素。如果科学教育的内容是一系列不相关的事实或经验的罗列，那么学生只会在头脑中留下一些知识碎片，难以对现实世界形成深入的理解。教师应该提供多样化、系统化的学习经历，使这些经历能够彼此联合成一个"核心概念"或"大概念"。在教学实践中，让儿童练习思维、对话以及长时间地操作某一概念，能够深化儿童的理解。教师选定"核心概念"也就确定了学习和探索目标。例如：选定了"生长"这一核心概念，教师就可以围绕这一核心概念引导幼儿的探究活动。对植物的生长探究可以包括植物的生长需要什么。幼儿可以尝试在有水和没有水的条件下观察种子的发芽情况，在不同的介质（比如泥土、碎石子和沙子）里种植植物，把植物摆放在教室不同光照条件的地方观察、测量植物的茎或根，比较植物的生长情况，等等。对人类的成长探索可以引导幼儿思考个体从婴儿到幼儿，再到成人时身体发生的变化。教师可以引导幼儿测量身体的各个部分，比如手和脚的大小等；搜集幼儿成长不同阶段的照片，让幼儿回顾自己的成长经历；幼儿自己记录所穿的衣服和鞋子尺码的变化；等等。

根据维果斯基的观点，科学概念不是简单地取代儿童头脑中固有的自发概念，换言之不是由成年人较强有力的思维逐渐排挤儿童思维的过程。对于教师来说，最重要的不是我

① Harvard-Smithsonian Center for Astrophysics. Private Universe Project in Science, Workshop 2, Biology: Why Are Some Ideas so Difficult? 1995.

想让儿童做什么，而是我想让儿童思考什么，然后自问，他们如何做才能更好地理解这一核心概念。

二、维果斯基观点的教育启示

维果斯基认为，学习应当融入对日常生活不断产生的认知矛盾冲突的解决中，应鼓励儿童在解决问题中探索，激发他们的好奇心，引发他们对于问题的深层次理解，通过解决问题建构对知识的理解，让他们成为解决问题的主人。所以，在幼儿科学教育活动中，教师应该给幼儿提供丰富多彩、充满刺激的教育环境，从而激发他们探索的欲望，这有利于他们发现问题、搜集资料、提出假设、实验验证，从而成为科学知识的主动探索者。不过在教育实践中，也出现了对维果斯基的观点的片面理解。例如：有些人把维果斯基强调教学的作用理解为向儿童灌输科学知识，而这其实正是维果斯基所批判的；另外对平衡教师的教育与儿童的自发性学习之间的关系也存在一定的误解。对于一些幼小的儿童，当他们的自发性概念还没有发展到一定的水平、还没有做好充分的学习准备时，能否教授给他们科学概念呢？对于这一点，维果斯基认为，儿童的科学教育应该具有一定的过渡性质，要将儿童的兴趣及其思维特点和学科体系结合起来①。

从上面对维果斯基理论的介绍我们可以看出，他和皮亚杰的很多观点都是相左的。然而，我们并不应该把他们的理论对立起来看，而应把它们看成是互补的关系，才能使我们从各自的理论中吸取有益的营养，真正丰富我们对这些问题的认识，例如二者都强调两条发展线索——自然和社会的重要性，它们在儿童的认知发展过程中不断互动；都认为发展是由于环境中的经验导致的；都认为认知发展的途径包含了思维上质的变化；都认为个人发展的步调可以受到周围社会环境的影响。皮亚杰和维果斯基都看到了儿童作为生命有机体的存在，都承认儿童有自己独特的思维方式，但是皮亚杰更关注的是儿童的自发发展，而维果斯基则更强调教育对儿童发展的促进作用。在维果斯基的理论中，教师不再只是儿童学习的旁观者和儿童发展的跟随者，他们扮演着更为积极和主导的角色，在儿童发展的过程中起着不可替代的作用。

第三节　儿童朴素理论

一、儿童朴素理论的内涵

朴素理论（naive theory）是与科学理论、成熟的理论、正规的理论相对而言的，也

① 洪秀敏. 学前儿童科学教育. 北京：北京大学出版社，2015：34.

有人称之为天真理论、似理论（theory-like theory）、直觉理论（intuitive theory）、前理论（pretheory）等。韦尔曼和格尔曼（Wellman and Gelman，1998）认为，朴素理论是指人们对某一组信息、事物、现象等的日常的理解。朴素理论存在于每一个人身上。一方面，大多数的人都不是科学家，对周围世界的理解都是“朴素”的。另一方面，即使是科学家，也不可能是一个全才的科学家，在其研究领域之外，他也是朴素地理解事物的①。

儿童朴素物理学的研究与“作为科学家的儿童”“儿童是小科学家”（child as scientist）这一隐喻有着直接的关系。当代认知心理学认为，儿童具有理解世界的一种强烈的、天生的愿望，即使是特别小的儿童也会组织来自外部的各种信息。在他们自身经验的基础上，结合个人的经历、气质、个性以及文化，每个儿童都会形成自己独特而持久的关于世界及其变化的理论。然而，儿童的认识常常不符合事实或科学的理解，他们所形成的概念被称为“迷思概念”。例如：幼儿认为“晚上没有太阳是因为它被月亮挡住了”，“液体蒸发后就消失了”。对于儿童来说，这些理论是在他们自己的经验的基础上建立起来的，而且已经足够让他们解释现实了，于是他们就形成了自己对于外在客观世界的朴素理论。

二、儿童朴素理论的形成条件

儿童朴素理论的形成需要一定的条件。第一，能够在不同领域之间做出本体论的区分。儿童应该认识到两个领域之间是不可比的，如儿童知道“善良、聪明”等品质与“苹果、香蕉”等水果在品质优劣上是不可比的。第二，概念具有内聚性、连贯性。即某一理论需要一组概念，而这些概念是相互关联地被使用的。第三，需要一套因果解释机制。即“为什么”的问题，涉及理论的预测、解释和说明等功能。

三、儿童朴素理论的发展过程

儿童朴素理论的发展并不是一蹴而就的，它需要时间。在这一发展变化的过程中，“反例”起着十分重要的作用。当儿童面对反例时，他们并不能很快地改变自己原有的理论，而往往会经历一个“忽视反例”的阶段。当反例出现时，儿童常常是在理论之外寻找解释，而不是质疑理论本身的正确性。这种对反例的忽视具有两面性：一方面其优势在于加强了理论的稳固性；另一方面它会使得理论的发展过程变得缓慢。

① 鄢超云．儿童的朴素理论及其学前教育意义．上海教育科研，2003（4）：16-17．

四、儿童朴素理论的基本特征

（一）儿童朴素理论是一种框架性理论

儿童朴素理论是一种框架性理论，因为儿童朴素理论是具有“理论”的特性的，虽然在具体的理论内容与细节上，儿童朴素理论与科学家提出的成熟理论之间存在差异，但是在所采用的认知结构上、在理论的总体构成等诸多方面，它们却是相似的。儿童朴素理论具有理论发展的特点，儿童在运用自己的朴素理论解释世界时，会不自觉地排除“反例”，并通过自己的经验验证自己理论的正确性。

（二）儿童朴素理论强调概念间的相互关系

对儿童朴素理论的研究主要集中于朴素物理学、朴素心理学和朴素生物学三大核心领域。在每个领域内朴素理论都涉及一系列概念之间的关系以及理论的解释力。例如：在朴素心理学领域中，研究内容主要涉及儿童对信念、愿望与行为关系的认识以及心理理论对他人行为的预期与解释。

儿童在 2 岁时，其心理理论属于“愿望心理学”，即人的行为受到愿望的影响；3 岁时，儿童的心理理论属于“愿望—信念心理学”，即儿童开始认识到信念的作用，但信念还不是他们理解人的行为的核心要素；4 岁及 4 岁以上的儿童则认为人的行为主要受其信念的影响，特别是可能根据其错误的信念行动，而并不是根据客观实际行动，此时他们的理论属于“信念—愿望心理学”。

设想这样一个情境：幼儿 1 在位置 A 藏了一个东西，然后离开了。在此期间，幼儿 2 把东西偷偷藏到了位置 B。那么，幼儿 1 回来后会去哪里找自己的东西呢？2 岁的儿童会预期案例中的幼儿 1 去位置 B 找东西，因为东西实际上就在位置 B。3 岁的儿童一小部分会认为幼儿 1 去位置 A 找东西，因为他以为东西还在位置 A（信念）。4 岁及以上的儿童则几乎全部会认为幼儿 1 会去位置 A 找东西，因为他们理解人是依据自己的信念而非客观事实来采取行动的。

（三）儿童朴素理论具有预测、解释的功能

预测功能是指儿童能根据自己的朴素理论预测将要发生的事情，这种预测可能是正确的，也可能是不正确的；解释功能则是指儿童根据朴素理论解释某一现象为什么会发生。朴素理论的解释和预测功能，使得儿童能够以他们自己的方式去理解周围的世界。这样，对于儿童个体而言，整个世界不再杂乱无章，而是井然有序了。儿童朴素理论的功能可以较为明显地反映到儿童的行为上：如果儿童对某一现象的判断处于随机水平，表明儿童对这一现象尚未建立理论。如果儿童总是做出某一方面的判断、预测或解释，则表明儿童具有了这一方面的朴素理论。因为他是根据理论进行预测、解释的，具有一致性。需要注意的是，拥有不同理论的儿童对同一现象的解释、预测也是不一样的。

拓展阅读

案例——会发光的小碗

一天中午，小朋友在安静地吃午饭，忽然，第四组的小朋友对着墙壁指指点点，边说边笑。原来，蔚蓝的墙壁上晃悠着许多跳跃的光斑。几个男孩子摇晃着小碗，得意地说："老师，我的小碗会发光。你看！"他们摇着不锈钢制成的小碗，对着墙壁上涟漪般跳跃的光斑咧嘴笑。

教师决定考考这群小家伙。以下是他们的对话：

教师："这些光斑是怎么来的?"

所有幼儿："是小碗发出的光，照到墙壁上。"

教师："为什么我的碗不发光?"

幼儿1："我们的碗是银色的，你的碗是黄色的。"

幼儿2："我们的碗是金属做成的，你的是塑料的。"

幼儿3："我的碗里有汤，水亮亮的，发光。"

幼儿4："教室里很亮，碗就能发光。"

教师："有的小朋友觉得教室里亮，碗就能发光，那要是教室里黑乎乎的，小碗会发光吗？"

所有幼儿："会的，因为碗是亮的，它还能发光。"

看来，在孩子的心目中，凡是看上去有光泽的物体就会发光，他们并不明白这些物体本身不会发光，只是反射光。教师拉上窗帘，墙壁上的斑斑点点顿时消失了。以下是教师跟幼儿的对话：

教师："现在小碗还会发光吗？"

所有幼儿："小碗会发光。但是教室里太暗了，就看不清楚了。"

教师又拉开窗帘，将那些在阳光直射下的小碗移到远离阳光的地方。

教师："现在呢? 小碗还能发光吗?"

所有幼儿："这个碗在亮的地方发出的光才强烈，在光线暗的地方发出来的光就比较弱，所以看不到了。"

这就是儿童朴素理论，那么天真、可爱的回答。虽然他们知道光可以照射，却不知道小碗只是在反射太阳的光。孩子们固执地认为看上去亮亮的东西就是会发光的，诸如玻璃球、水、镜子、水晶发卡、珍珠……这些东西在孩子们的眼中都是会发光的。

资料来源：茅春艳. 会发光的小碗：儿童朴素理论在幼儿园的运用实例. 启迪与智慧，2017（10）：19-20.

五、儿童朴素理论的教育意义

儿童具有自己的朴素理论，其意义在于他们并不是一块任由教育工作者随意涂抹的“白板”，他们对周围的世界有自己的见解。儿童运用这些朴素理论可以有效地解释和预测一些日常生活中的现象。这对儿童的教育，尤其是科学教育具有重要的意义。在学前教育领域，儿童朴素理论的合法性地位一直没有得到确立。尽管我们常常提到“要了解儿童”，但仔细分析会发现，教师了解的是儿童掌握了多少成人文化而不是儿童自己的理论，我们所了解的儿童是根据我们自己的儿童观建构出来的儿童。

那么如何利用朴素理论来了解儿童呢？首先，在解读儿童的过程中，教师应该尽可能地“悬置”自己已有的认识和看法。比如在向儿童提问、确定教育的内容时，幼教工作者通常会直觉地排斥一些内容，偏好另外一些内容。这种“排斥”可能会使很多儿童感兴趣、很有教育价值，但成人觉得很抽象的内容无法进入到幼儿园的课程体系里。其次，在解读儿童的过程中，了解儿童得出结论的过程比结论本身更有价值。在探究“他们为什么这样去想”的过程中，我们可以了解到儿童关于一个话题的已有经验，更可以尝试了解儿童如何综合自己的已有经验，运用到新问题的解决当中。尽管这种运用可能并不准确，但这个过程对儿童的认知发展来说尤其重要，也可以为教师接下来想要开展的教育活动理清思路。

第四节　布鲁纳发现学习理论

布鲁纳（J. S. Bruner）是美国著名的心理学家，结构主义教育理论的代表人物，他提出了加强科学教育，使得学生尽快接近科学前沿的科学教育理论，对20世纪60年代世界各国的教育改革有重要影响，他的“发现学习法”对于科学教育领域有着非常重要的贡献。

一、概念发展的阶段论

布鲁纳的学习理论受到皮亚杰思想的影响，他认为在发展的每个阶段，儿童都有自己观察世界、解释周围事物的独特方式，但是在发展阶段的划分上，皮亚杰注重心智“运算”，而布鲁纳则更注重“表征”。

人类的概念理解和思想表征有三种不同的方式，分别是动作表征水平、图像表征水平和符号表征水平。这三种表征方式代表了三个发展层次：动作表征是指个体学习时涉及了操作活动和直接经验，即通过直接的操作行动来理解事物，或表达对事物的看法，基本不需要语言的帮助；图像表征是指个体通过视觉媒体的作用，即通过平面形象（如图片、图表等）来理解事物；符号表征是指个体运用语言、文字等抽象符号去表达对事物的看法。以比较小的玩具车在不同斜面上的运动速度为例：动作表征层面的儿童必须通过实际的操作，即真正地把小玩具车放到不同斜面上加以比较，他也可能用自己的肢体动作来表达车的速度是快还是慢。到图像表征水平时，儿童能够直接通过看图片（图片上有许多不同坡度的斜面和玩具汽车）就能理解和表达小车的速度。符号表征层次的儿童不必通过具体操作，也不必观看图片，他能够通过自己在脑海中的思考，以口头语言或文字符号的方式表达他的理解。

布鲁纳运用认知发展表征的系统论来说明概念的发展。他认为，概念的发展始终是与环境直接互动的。儿童必须先通过操作具体事物发展概念，进而逐渐发展到以抽象符号表达概念的层次。教学过程中，学科知识或概念应该以适合儿童表征水平的方式呈现才能达到最好的教学效果。

二、发现学习法

“发现学习”是指学习者在教师的指导下，通过自己的探究与学习，主动发现事物变化的起因和内部联系，从中找出规律，并在这个过程中体验发现知识的智慧感和完成任务的胜利感。在《发现的行为》一文中，布鲁纳提出：“发现不限于那些寻求人类尚未知晓的事物的行为，确切而言，发现包括用自己的头脑亲自获得知识的一切形式。”①

（一）发现学习的过程

布鲁纳认为，发现学习包括习得、转换、评价三个过程，这三个过程几乎是同时发生的。习得是指获得新知识的过程；转换是运用新知识，使之适合于新事物和新情境的过程；评价则是评价和运用已经获得的知识的过程。例如：在“磁铁找朋友”的活动中，教师将各种各样材料放在桌上让幼儿摆弄和尝试，在不断尝试的过程中，幼儿发现铁的东西可以被吸起来，其他比如塑料的东西不能被吸起来（习得）。之后教师向幼儿展示自己预先布置在教室中的五处“宝藏”，让幼儿猜想这些宝藏是否能被磁铁吸起来（转换）并逐一去验证一下（评价）。在这一过程中，幼儿不是被动的知识接受者。相反，他们是知识的主动学习者、积极的信息加工者。因此，在教学过程中教师要创设一种让幼儿能够独立探究的情境，而不是提供现成的知识，应当注意发挥幼儿的主动性，让幼儿自己去思考，参与知识获得的过程。在布鲁纳看来，学习是一种过程，而不是结果。认识是一个过程，而不是一种产品。

---

① 贾洪亮．学前儿童科学教育．上海：复旦大学出版社，2012：28．

（二）强调直觉思维

除了注重学习过程之外，布鲁纳的发现学习法还强调学生的直觉思维在学习上的重要性。不论在正规的学科领域还是在日常生活中，不论是科学家还是幼儿，都需要也都可以使用直觉思维，所不同的只是程度问题。布鲁纳认为，大量事实都表明，直觉思维对科学发现活动极为重要。直觉思维的形成过程一般不是靠言语信息，尤其不靠教师指示性的语言文字。直觉思维的本质是映象或图像性的。所以，教师在学生的探究活动中要帮助学生形成丰富的想象，防止过早语言化。与其指示学生如何做，不如让学生自己试着做，边做边想。

（三）强调内部动机

布鲁纳重视培养学生的内部动机，或把外部动机转化成内部动机。发现活动有利于激发学生的好奇心。学生容易受好奇心的驱使，对探究未知的结果表现出兴趣。所以，布鲁纳把好奇心称为“学生内部动机的原型”。布鲁纳认为，学习的过程要激发学生的能力动机（competence motivation），就是使学生有一种获得能力的内驱力，从而提高学习的效率。

三、布鲁纳发现学习法的教育启示

布鲁纳认为个人的智力发展取决于其是否能不断使用智力。发现学习法为儿童提供了便于解决问题的背景信息，帮助儿童学习探索，增进儿童在新环境中探究和解决问题的能力，从而获得智力的发展。发现学习使学生在学习过程中始终处于一种主动、积极、探索、思考的状态，有利于培养学生学习的主动性与积极性。儿童成功地解决问题，回答自己的疑惑时，也会获得很大的成就感和满足感。这是一种内在的激励作用，它会增进儿童对学习活动的乐趣。发现学习还有利于记忆的保持。与灌输知识的教学方法相比，儿童通过自己的探索发现所获得的知识，保持的时间更为长久。但发现学习在实践中也有其局限性，它过分强调儿童的主观能动性与“发现”的学习倾向，忽略了间接知识的价值。

第五节　陶行知儿童科学教育思想

谈及国内的儿童科学教育思想发展，不得不提陶行知和其教育思想。他曾经大声呼吁要加强中国的科学教育，中小学要加强理科教学、幼稚园要重视科学的训练，并大力推行“科学下嫁”运动，提出要把科学“下嫁”给大众，“下嫁”给儿童。陶行知让科学走下圣坛，开创了科学教育的新领域，把幼儿科学教育作为科学教育的起始阶段，致力于让每一个儿童从小树立科学的认知态度，养成科学的思维方式，他的幼儿科学教育思想对我国幼儿科学教育发展具有重要启示。

一、儿童科学的定位：回归儿童

“人人都说小孩小，谁知人小心不小？您若小看小孩子，便比小孩还要小。”陶行知认为儿童是天生的科学家，而科学就是一种与生俱来的活动，所谓的“科学”如果不是由儿童经验的，而是通过现成的、强制的和集体的形式传输给他，那并不适合表达儿童的需要和儿童自己的生活经验，因此，儿童需要一种自我表达的工具，在自己的思维体系中理解世界。

陶行知认为，知识可以分为三种：一是亲知；二是闻知；三是说知。亲知是亲身得来的，就是从“行”中得来的；闻知是从旁人那儿得来，或由师友口传，或由书本传达的；说知是推想出来的知识。“活的知识”在这里是指“亲知”。儿童在活动中，并不是一个被动的“旁观者”，而是一个主动的“行动者”，“行”是儿童在探究，是儿童在求证，就是在这种“行”中，儿童认知着世界、体验着世界、理解着世界。同时，在这种“行”中，儿童也质疑着世界、解构着世界、创造着世界。虽然人类在自然科学的成就中已经有其结构及研究方法，但是儿童的学习可不可以有“自以为是”的结构及方法？如果儿童没有接受科学的符号、专有名词和原理，他可不可以进行科学创造？如果儿童的学习只接受科学的符号、专有名词和原理，那么儿童的想象和好奇心会不会被束缚？只有这些问题的答案是肯定的，儿童科学才会成立，否则要让儿童学习科学，充其量只是将成人的科学知识逼迫儿童记忆、接受，儿童不能真正了解，建构属于自己的知识。

“夫儿童之非缩小的成人，言教育者罔不知之，故成人之教养与观感虽未必不适于儿童，要不可挹此注彼，必须从儿童之立场出发。”陶行知认为在旧教育中，教师成为儿童的监护人，把儿童包裹起来，与日常的生活世界隔离起来，并决定着他们的学习和成长，儿童从而全部依赖于幼儿园、课程和教师，在这种教育中，儿童受教师的控制、操纵和灌输，他们不再对新鲜的事物感到惊奇，不再对日生日落的绚丽景象感到惊喜，不再有创造力和想象力，从而“销毁了儿童的有机生长”①。陶行知认为：“小孩子聪明得很，小孩中有许多瓦特、牛顿、爱迪生。”因而他认为剥夺儿童自由、教师包办代替是科学教育中的大错，“不知贻误了多少的儿童，戕害了不知道多少新的嫩苗”。他坚决主张还儿童以自主权利。在他看来，“儿童的世界是儿童自己去探索、去发现的，儿童自己所求来的知识才是真知识，他自己所发现的世界才是真世界”。“凡是儿童自己能够做的，应当让他自己做”；“凡是儿童自己能够想的，应当让他自己想”。教育的目的是在协助每一个儿童尽量发挥他的潜能，进而获得他能学到的东西。

① 许琼华. 陶行知的幼儿科学教育理论与实践探索. 福州：福建师范大学，2003.

拓展阅读

诗歌中的童趣

南宋著名诗人杨万里也极力赞颂童心、童趣，他鼓励儿童按自己的方式去玩耍和嬉戏，去体验和感悟生活世界。他的诗句“一叶渔船两小童，收篙停棹坐船中。怪生无雨都张伞，不是遮头是使风”中有两个儿童晴天张伞于船中，不为遮阳，而是把伞当作了风帆，使船儿能轻快地前进。可见儿童的想象力和创造力得到了极大的张扬。更有“稚子金盆脱晓冰，彩丝穿取当银钲。敲成玉磬穿林响，忽作玻璃碎地声”，儿童把夜间冻结在盘里的冰块取下，用彩丝穿上当作乐器敲打，忽然冰块落地，发出声响，如玻璃破碎。儿童在游戏中创造自己的美妙音乐。

二、儿童科学内容的建构：回归生活

什么是生活教育？陶先生对它的定义是：“生活教育是给生活以教育，用生活来教育，为生活向前向上的需要而教育”。据先生的“教学做合一”的理论，“教的法子根据学的法子，学的法子根据做的法子，事怎么做，就怎么学，就怎么教”，教学的中心是“做”，即实际生活。我们必须了解生活，了解儿童生活现状。生活中的儿童是生动的人，具体的人，是未完成的人，有待发展的“完人”，陶行知认为“儿童的世界是要由儿童自己动手去创造，我们要停止一切束缚，使儿童可以自由活动”。教师要解放儿童的头脑与双手，反对幼儿园教育中机械的、千篇一律的东西。主张儿童自由活动，让儿童接触大自然，让他们参加有趣的游戏。

陶行知深信生活是科学教育的指南针，是教育的中心。生活与知识、生活与教育中，生活是第一位的，教育要通过生活才能迸发出力量。儿童的活动，多数为实际生活所决定，“以幼稚生足力所到的地方为教室的范围”。陶行知提出“高山之巅可以写生，长林之内可以游唱，草坪之上可以谈心，这是神秘大自然为我们设下的优美而富丽的教室”。打破时间的规定，不刻板地上课，也不规定上课的时间，“以儿童在园的时间为上课的时间范围”。所以幼儿园的科学教育，也要上生活的课，动的课。科学教育的对象是活泼的生命个体，教育“生活”的把握不能一味地用模式来“剪裁”，把丰富多样的生命表现降格为“镜像”，教师不能也不应该通过工具的“过滤”，削弱“生活事件”的深刻性。“孩子有很小的，有很大的，有能看书的，有不能看书的。千万不要让文字挡着科学的路。会看书的大孩子，自己可以依着书上所画的路线去追求。那年小而不识字的可以先玩科学把戏。四五岁的孩子，他们有一些科学把戏可以玩，但绝对不可以教他们看书，连字也不必勉强他们认。科学的把戏只要玩得成功，玩了一个便想玩第二个，并且说得头头是道便算满意。若能独出心裁玩得与众不同，这孩子将来便有发明创造的希望。至于暂时能否认字看书，并无重大关系。我们绝不可以因他不能看书便不教他实验。”

拓展阅读

南京燕子矶幼儿园的生活课程

南京燕子矶幼儿园是中国第一个乡村幼儿园，创建于1927年11月。燕子矶幼儿园充分从乡村的实际出发，充分利用“滚滚的长江”“燕子矶头”等自然环境及四季新鲜的花草来选择课程的材料。如香甜的农作物（番薯、蚕豆、萝卜、芋头），上等的废物材料（麦秆、花片、鸡蛋壳、鱼骨等），可爱的自然物（溪沙、石子、芦苇、棉花及各种动植物等），依此来选择儿童熟悉和取材方便的科学活动的主题。“我们的实际生活，就是我们的全部课程，我们的课程，就是我们的实际生活”。

三、儿童科学活动的实施：回到问题

“天地是个闷葫芦，闷葫芦里有妙理，您不问它您怕它，它一被问它怕您，您若愿意问问看，一问直须问到底。”无论现在，还是最初，人都是由于惊奇而开始科学思考的，一开始是对身边不解的东西感到惊奇，继而对更重大的事情产生疑问，例如关于月相的变化，关于太阳和星辰的变化，以及关于万物的生成。陶行知提出要解放小孩子的嘴。因为中国一般习惯是不许小孩多说话，小孩子得到言论自由，特别是问的自由，才能充分发挥他的创造力。“我是小牛顿，让人说我笨，我要用我的头脑，向自然发问。”个体原有的认知结构与来自外界环境中的新奇对象之间有适度的不一致时，个体就会出现“惊讶”、“疑问”和“矛盾”，从而激发个体去探究。儿童虽然已具有初步的感知、思维能力和知识经验，但周围许多事物对他们来说仍然是陌生的、新奇的。因此，儿童往往有着广泛而强烈的好奇心。提问是整个科学面部上的强烈的表情，是一切知识的起源。儿童用提问来认识身边的世界，探寻着生命的存在，正是儿童最本真的表现，是人之为人而不是异化之物的发展，创造的真义也就蕴含于其中了。儿童的认识总是非常可爱和有趣的，因为它记录了儿童求知的生动创造过程。成人常常嘲笑孩子的天真幼稚，“儿童科学家”的观点和结论许多是错误的，思想是充满稚气的，但是在稚气里却包含着最有生气的活动和精神，包含着智慧的种子萌芽和源泉。

四、陶行知科学教育思想的教育启示

陶行知对儿童的科学学习进行了充分阐述：儿童的科学学习并不一定完全遵循现有的

知识结构，而是为适应生活经验和新情境修改或创造知识。儿童在教师提供的环境中发展新经验。儿童的态度是兴趣、独立、热心参与、追根究底；使用的是感观探索、观察、摆弄实验等方法；儿童所获得的知识则是他累积自己的经验而发现的“原则”及领悟的“道理”。当孩子觉得他是科学家时，他就会喜欢运用许多方法去创造，虽然并不可能有这么年幼的科学家，但重要的是如果他在从事游戏时，环境给予他的是鼓励与支持，他可能就会从游戏中获得自信及满足，一颗潜在的种子就在他心中生根发芽。此外，陶行知深信生活是科学教育的指南针，是教育的中心。他揭示教学“生活”是科学教育的基本责任，也是建构幼儿科学课程理论的基础。要解放儿童的头脑，解放儿童的嘴，把“问”的自由权还给儿童，把儿童的世界还给儿童，使“问”真正成为儿童的“思”。良好的科学教育是具有教育性的，长期吸引儿童的兴趣，并鼓励儿童热忱参与。活动是有规划的，蕴藏着解决问题的技巧，配合幼儿发展的程度，成为儿童满足与欢愉的源泉。

思考与练习

1. 结合案例阐述儿童的科学学习有哪些特点。

2. 请说出下列三种情况幼儿获得的分别是哪种知识。简述物理知识、社会知识和数理逻辑知识的含义与区别。

A. 幼儿通过自己的尝试知道“西瓜能吃，并且很甜，玉米也能吃，味道跟西瓜不一样”；

B. 幼儿听到成人说“西瓜和玉米都是食物”；

C. 幼儿掌握了“能吃的东西都可以叫作食物”，于是推出“西瓜和玉米都属于食物，因为它们都能吃”。

3. 简述维果斯基关于日常概念与科学概念的观点及其对学前儿童科学教育的启示。

4. 简述儿童朴素理论对幼儿科学教育的启示。

阅读导航

1. Piaget J. Six Psychological Studies. New York：Vintage Books，1967.

2. Harvard-Smithsonian Center for Astrophysics. Private Universe Project in Science，Workshop 2，Biology：Why Are Some Ideas So Difficult? 1995.

3. 洪秀敏. 学前儿童科学教育. 北京：北京大学出版社，2015：34.

4. 鄢超云. 儿童的朴素理论及其学前教育意义. 上海教育科研，2003（4）：16-17.

5. 赵一仑，王雁，古秀蓉. 幼儿对光的朴素认识. 学前教育，2007（6）：46-47.

6. 贾洪亮. 学前儿童科学教育. 上海：复旦大学出版社，2012：28.

7. 许琼华. 陶行知的幼儿科学教育理论与实践探索. 福州：福建师范大学，2003.

8. 王美岚，王琳. 布鲁纳的发现学习及其启示. 当代教育科学，2005（21）：42-42.

9. 熊哲宏，李其维. 论儿童的文化发展与个体发展的统一：维果斯基与皮亚杰认知发展理论的整合研究论纲. 华东师范大学学报（教育科学版），2002，20（1）：1-11.

第三章

幼儿科学教育的目标与原则

学习目标

1. 了解幼儿科学教育活动目标制定的依据。
2. 能够设计各年龄段适宜的幼儿科学教育目标。
3. 准确掌握幼儿园科学教育的原则。

教师在进行教学实践之前，必须要思考教育的目标和原则，而教育目标和原则会随着时代和社会大背景的改变而改变。本章将结合中国国情和当前教育发展的背景，系统介绍幼儿科学教育的目标与原则。

第一节　幼儿科学教育的目标

幼儿的科学教育是有目的、有计划、有组织的教育活动。教育目标明确了教育要达到的标准或要求，是开展教育活动的依据。它不仅对教育内容、教育方法和教育活动形式，而且也会对教育的结果产生直接影响。

幼儿科学教育是指幼儿在教师指导下，通过自身的活动，对周围物质世界进行感知、发现问题并寻求答案的过程。幼儿科学教育的目标是根据学前教育总目标、结合科学教育的特点制定的，是幼儿教育总目标在科学教育中的具体体现。

一、幼儿科学教育目标制定的依据

幼儿科学教育是幼儿全面发展教育的一个重要组成部分。2001 年 7 月，教育部正式颁发《幼儿园教育指导纲要（试行）》（以下简称《纲要》），将“科学”列入幼儿园教育的五大领域之一，制定了促进幼儿情感、态度、能力、知识、技能等方面发展的目标。《纲要》中的目标奠定了幼儿科学教育的基本方向，同时又坚持了实事求是、因地制宜的原则，给予幼儿园充分的教育自主权。幼儿园在《纲要》“以幼儿发展为本”的理念框架下制定具体的科学教育目标时，要依据幼儿发展的规律、依据社会发展的需要，同时要依据科学教育本身的学科特点以及幼儿学习科学的特点。

（一）依据儿童发展的规律

1. 儿童的发展是一个整体

儿童的生理、认知、情感、个性品质等各个方面的发展不是相互独立的过程，而是各个方面的整合性发展。因此，幼儿科学教育应以幼儿的全面发展为目标。如果单纯强调科学经验的获得而忽视探究能力和个性品质的发展，或者人为地把认知、情感与个性品质的发展割裂开来，都是不符合幼儿发展规律的。因此，《3～6 岁儿童学习与发展指南》（以下简称《指南》）提出科学探究的目标应该分为情感态度、方法能力和知识经验三个维度，并指出这三个维度的目标是相互依存、缺一不可的。

拓展阅读

《指南》中“科学探究”的目标解读

1. 亲近自然，喜欢探究（情感态度目标）

幼儿带着天生的好奇心和求知欲，好奇、好玩、好探究是幼儿的年龄特点，所以探究是幼儿进行科学活动最主要的方式。这一目标能够满足幼儿这些心理需求，且能培养幼儿热爱自然、亲近自然的情感态度。

2. 具有初步的探究能力（方法能力目标）

具有初步的探究能力包括经历探究过程和获得探究能力两个方面，两者相辅相成、相互交织。幼儿的科学探究过程大体包括观察事物或现象、发现问题（提出问题）、提出假设（预测结果）、调查验证（观测、实验等）、得出结论和分享交流等六个环节。

幼儿的探究能力是在探究过程中逐步形成的，与探究的各个环节密切相关，是其在探究解决问题的过程中综合运用各种方法的能力的综合表现。幼儿正是运用不同的探究方法，在经历发现问题、分析问题和解决问题的过程中获得观察与分析、验证猜测、调查、记录、合作与交流等五个方面的初步的探究能力的。

3. 在探究中认识周围事物和现象（知识经验目标）

幼儿在科学探究过程中会获得对周围事物和现象的认识，如常见的动植物、常见的物体、常见的物理现象、天气与季节变化、科技产品和环境及其与人们生活的关系等。

从目标体系来看，《指南》对幼儿科学学习以及幼儿园科学教育的要求是全面的。从目标排序上来看，情感态度是首要目标、前提性目标，方法能力是重要目标、关键性目标，知识经验是载体目标、产物性目标。

资料来源：刘占兰.《指南》各领域要点解读：科学领域//李季湄，冯晓霞.《3—6岁儿童学习与发展指南》解读. 北京：人民教育出版社，2013：116.

2. 儿童发展有明显的年龄特点

儿童发展的年龄特点是儿童发展的一般规律在特定年龄的具体表现。了解不同年龄段儿童的发展特点，可以帮助教育者更好地把握教育目标，提出适宜的教育要求，真正促进儿童的发展。不同年龄儿童的发展水平和发展需要是不同的，因此，幼儿科学教育的目标要有年龄层次性，即按各年龄段制定不同的教育目标。

3. 儿童的发展存在个体差异

尽管儿童的发展存在着一般的规律，各年龄段儿童的发展也存在着一定的共性，但每个儿童都是独一无二的，他们的个性倾向、发展速率都有很大差异。这就要求幼儿科学教育的目标不应该是固定不变的，而应充分考虑、尊重幼儿的个体差异，针对不同的幼儿提出不同的要求。幼儿园科学教育要鼓励每个幼儿用自己的方式参与科学探究活动，在自己原有的经验水平上获得发展。

（二）依据社会发展的需要

1. 科技发展是社会发展的动力

不同时代、不同社会对教育的要求是不同的。当今社会最为突出的就是科学技术的迅速发展。科技渗透在了人们生活的方方面面，一个不能掌握和运用现代科学技术的人几乎就像文盲一样，跟不上这个时代发展的步伐。21世纪的儿童更是从小接触各种信息技术，被称为“数字原住民”。1995年党中央、国务院正式颁布了《关于加速科技进步的决定》（以下简称《决定》）。《决定》首次提出“科教兴国”的战略，并提出经济、社会发展向依靠科技进步和提高劳动者的素质转移①。幼儿科学教育也要适应时代的发展，正如《纲要》中强调的，幼儿园科学教育应该“从生活或媒体中幼儿熟悉的科技成果入手，引导幼儿感受科学技术对生活的影响”。

① 中共中央国务院. 关于加速科学技术进步的决定. 北京：人民出版社，1995：5-6.

2. 科学素养是国民素质的重要体现

当今社会，科学技术已不再是高高在上、远离生活的神话，每个人都要运用科学知识和方法应对日常生活中遇到的事情。科学已经不是少数科学家的事，而是每一个社会公民都必须具备的基本素养。提高国民的科学素养已成为增强国家竞争力的重要途径。美国自 1957 年由国家科普作家协会进行了世界上第一次科学素养调查，至今一直坚持开展公众科学素养的调查研究。受知识全球化的影响，我国自 1996 年开始关注国民科学素养的问题。但是，科学素养的提升应是通过长期的教育事业逐步实现的。为了使我国全民科学素养有质的提高，要从源头抓起，从幼儿抓起，重视幼儿科学素养的培养。

3. 生态环境的保护与可持续发展

科技是一把双刃剑，一方面给人类带来了社会的发展、生活的便利，另一方面也给自然环境带来不同程度的破坏，如资源短缺、环境污染、生态破坏都成为当前社会最为重视的问题。每位公民都有责任和义务保护自然环境，为人类的可持续发展而努力。所以，幼儿科学教育活动设计中，要注意幼儿热爱自然、关爱环境等良好品质的培养，同时激发幼儿参与可持续发展的社会责任感。

（三）依据自然科学的学科特点

幼儿园教育中涉及的“科学”和“科学教育”通常是指自然科学与自然科学教育。自然科学是研究自然界物质形态、结构、性质和运动规律的科学。自然科学包括的内容广泛，构成自然科学的知识体系又具有严密的逻辑性；自然科学崇尚实证的方法，强调通过事实的证据和逻辑的推理获得新知识；同时，自然科学还涉及科学精神与价值观。在制定幼儿科学教育目标时既要考虑自然科学的学科特点，也要关注幼儿学习科学的特点①。

二、幼儿科学教育目标的构成

幼儿科学教育目标是一个复杂的体系，可以分为三个不同层次的目标：幼儿科学教育总目标、各年龄阶段目标和教育活动目标。

（一）幼儿科学教育总目标

《纲要》所规定的幼儿园科学教育的目标就是总目标，具体包括：

对周围的事物、现象感兴趣，有好奇心和求知欲；

能运用各种感官，动手动脑，探究问题；

能用适当的方式表达、交流探索的过程和结果；

能从生活和游戏中感受事物的数量关系并体验到数学的重要和有趣；

① 张慧和，张俊. 科学. 南京：南京师范大学出版社，2008.

爱护动植物，关心周围环境，亲近大自然，珍惜自然资源，有初步的环保意识。

上述5个目标可以概括为科学情感和态度、科学方法和技能、科学知识和能力三个维度。

1. 科学情感和态度

科学情感和态度是首要目标，是科学精神和价值观的体现。《纲要》中科学领域的第一条目标就是“对周围的事物、现象感兴趣，有好奇心和求知欲”。幼儿天生就有好奇心和求知欲，他们喜欢探索一切自己不熟悉的事物，也喜欢刨根问底。幼儿科学教育就是要符合幼儿的年龄特点，发展他们的天性，保护他们的好奇心，尊重他们的求知欲，引导他们通过探索去寻求问题的答案。无论最终是否能找到所谓正确的答案，探索的过程本身就能满足幼儿对未知的渴求，激发他们的好奇心和求知欲。

《纲要》中的第五条目标“爱护动植物，关心周围环境，亲近大自然，珍惜自然资源，有初步的环保意识”也是指向情感和价值观的培养。这一目标的核心是建立人与自然的和谐关系，在世界范围内环境问题日益严重的形势下，提出这一目标有深远的意义。这条目标的达成要先从幼儿日常生活中最常接触到的动植物入手，然后到周围的环境和大自然。对自然界不只是有探究的兴趣，还要使幼儿萌发对自然的责任感，使其关爱生命，尊重、敬畏自然。

2. 科学方法和技能

好奇心和求知欲要依靠实际的科学探究，而科学探究包括观察现象、动手动脑、表达交流、得出结论等具体的方法和步骤。《纲要》中科学领域的第二条目标“能运用各种感官，动手动脑，探究问题”和第三条目标“能用适当的方式表达、交流探索的过程和结果”都是科学方法和技能维度的目标。

3. 科学知识和能力

科学知识是科学教育活动的必然结果。幼儿的科学知识有两个层次：科学经验和日常概念。科学经验是幼儿在科学探究过程中，通过亲自操作、依靠感官获取的关于周围世界的具体经验。尽管科学经验还达不到科学概念的抽象层次，但对幼儿却非常重要，因为幼儿在能够抽象概括之前需要积累大量的具体的科学经验作为材料，这是他们认识事物的规律和过程。日常概念是幼儿在科学经验的基础上对事物外在、明显特征的概括，其抽象程度介于科学经验和科学概念之间。日常概念能帮助幼儿将具体、丰富但是零散、孤立的科学经验转化为概念化的认知结构，便于幼儿认识事物之间的联系，也能为将来学习真正意义上的科学概念打下基础。《纲要》中没有明确提出科学知识和能力维度的目标，首先是因为对幼儿应该获得哪些科学经验和知识不宜做具体的规定，应留有较大的灵活性。其次不应片面强调概念化的知识，而应该注重幼儿在自己原有水平之上科学经验的获得。再次是强调让每个幼儿通过探究活动获取“自己”的科学经验和知识，而不是由教师统一按照一定标准灌输给幼儿科学概念。

（二）各年龄阶段的科学教育目标

幼儿各年龄阶段的科学教育目标是在科学教育总目标的指导下，结合不同年龄段幼儿的发展特点制定的。各年龄阶段的科学教育目标既要体现不同年龄段幼儿发展水平的差异性，又要体现发展的连续性。《纲要》没有列出各年龄段的教育目标，因为即使是同一年龄段幼儿的发展水平也会存在较大的地区差异和个体差异，制定一个全国性的、统一的标准显然是不科学也不切实际的。

《指南》在《纲要》的基础上更进一步，系统地明确了各年龄段幼儿在科学领域的合理目标并提出达成目标的具体方法和途径的建议。但需要注意的是，《指南》明确指出"幼儿的发展是一个持续、渐进的过程，同时也表现出一定的阶段性特征。每个幼儿在沿着相似进程发展的过程中，各自的发展速度和达到某一水平的时间不完全相同。要充分理解和尊重幼儿发展进程中的个别差异，支持和引导他们从原有水平向更高水平发展，按照自身的速度和方式到达《指南》所呈现的发展'阶梯'，切忌用一把'尺子'衡量所有幼儿"。

拓展阅读

《指南》中科学探究方面相关目标

目标 1　亲近自然，喜欢探究

3～4 岁	4～5 岁	5～6 岁
喜欢接触大自然，对周围的很多事物和现象感兴趣。 经常问各种问题，或好奇地摆弄物品。	喜欢接触新事物，经常问一些与新事物有关的问题。 常常动手动脑探索物体和材料，并乐在其中。	对自己感兴趣的问题总是刨根问底。 能经常动手动脑寻找问题的答案。 探索中有所发现时感到兴奋和满足。

目标 2　具有初步的探究能力

3～4 岁	4～5 岁	5～6 岁
对感兴趣的事物能仔细观察，发现其明显特征。 能用多种感官或动作去探索物体，关注动作所产生的结果。	能对事物或现象进行观察比较，发现其相同与不同。 能根据观察结果提出问题，并大胆猜测答案。 能通过简单的调查收集信息。 能用图画或其他符号进行记录。	能通过观察、比较与分析，发现并描述不同种类物体的特征或某个事物前后的变化。 能用一定的方法验证自己的猜测。 在成人的帮助下能制定简单的调查计划并执行。 能用数字、图画、图表或其他符号记录。 探究中能与他人合作与交流。

目标 3　在探究中认识周围事物和现象

3～4 岁	4～5 岁	5～6 岁
认识常见的动植物，能注意并发现周围的动植物是多种多样的。 能感知和发现物体和材料的软硬、光滑和粗糙等特性。 能感知和体验天气对自己生活和活动的影响。 初步了解和体会动植物和人们生活的关系。	能感知和发现动植物的生长变化及其基本条件。 能感知和发现常见材料的溶解、传热等性质或用途。 能感知和发现简单物理现象，如物体形态或位置变化等。 能感知和发现不同季节的特点，体验季节对动植物和人的影响。 初步感知常用科技产品与自己生活的关系，知道科技产品有利也有弊。	能察觉到动植物的外形特征、习性与生存环境的适应关系。 能发现常见物体的结构与功能之间的关系。 能探索并发现常见的物理现象产生的条件或影响因素，如影子、沉浮等。 感知并了解季节变化的周期性，知道变化的顺序。 初步了解人们的生活与自然环境的密切关系，知道尊重和珍惜生命，保护环境。

（三）科学教育活动目标

幼儿科学教育活动目标是依据总目标、参照各年龄阶段目标，并结合活动的具体内容而制定的，是目标结构中最低层次、最具体的目标。幼儿科学教育活动内容丰富、形式多样，制定的目标不同，活动达到的效果也不一样。教育活动目标的制定要注意以下几点：一是教育目标应该力求做到具体。目标应围绕具体活动内容制定，就是说活动目标应该只适用于某一特定活动，而不是适用于一大部分甚至所有活动。二是活动目标既要有一定的预设性和指导性，又要有一定的灵活性和开放性。目标起到的应该是引领而非限制的作用，教师要以开放的心态对待活动目标，在教育过程中不断生成和丰富活动目标。三是教育活动目标要有一定的连续性。围绕某一核心概念组织的教育活动要能层层递进，利于幼儿把科学经验组织、概括为自己的认知结构，支持幼儿科学学习的连续性。

拓展阅读

关于“光影”的幼儿科学教育活动目标案例

【小班：有趣的影子】

活动目标

1. 知道影子的形成是因为物体挡住了光，初步感知光影关系。

2. 能模仿、创造出手影，并在幕布上展示。

3. 对光影关系非常好奇、感兴趣，积极参与活动，并能专注地观察。

【中班：小小灯光师】

活动目标

1. 知道光能穿过一些物体，观察光透过不同的布、纸形成的彩色光团和光团重叠的变化。

2. 能用不同颜色的玻璃纸制造出舞台灯光效果。

3. 能大胆说出自己的发现，感受探索的乐趣。

【大班：补光捉影】

活动目标

1. 了解光的反射现象，知道生活中哪些物品能反射光。

2. 能探索通过改变镜子的角度，让光往不同的方向反射，进行游戏。

3. 能用语言清晰表述自己的发现，体验探索的乐趣。

关于“物质形态变化”的幼儿科学教育活动目标案例

【小班：小雪花】

活动目标

1. 认识下雪现象，知道雪遇热化成水。

2. 能够观察到雪花的特点，初步具有观察事物的能力。

3. 感受雪花的美，对大自然感兴趣。

【中班：冰上开花】

活动目标

1. 初步认识融化的现象，知道融化的条件。

2. 能够按照自己的想法进行实验，初步具有动手能力。

3. 体验游戏的乐趣，进一步产生探索自然的兴趣。

【大班：会变形的巧克力】

活动目标

1. 认识熔化和凝固现象，知道熔化和凝固的条件。

2. 能够迁移先前经验，进行实验。

3. 体验做巧克力的乐趣，愿意动手操作，对生活中的事物产生探索的兴趣。

第二节　幼儿科学教育的原则

一、可持续性原则

在幼儿科学教育中强调可持续性是指幼儿科学教育应当尊重幼儿的身心发展规律和学习特点，满足幼儿探究的需要，为其终身的成长奠定基础。

首先，可持续性意味着将幼儿科学教育视为个体终身科学教育体系的初始环节，是科学教育的启蒙教育阶段。要关注幼儿通过科学学习所获得的知识、技能和情感态度，尤其是注意培养幼儿对科学内在的探究动机，使幼儿长久保持对外部世界的好奇心和探究欲望，使幼儿的科学学习得到可持续性的发展。

其次，可持续性意味着尊重幼儿的科学学习特点和身心发展规律，避免“小学化”和“超前化”。生活和游戏是幼儿科学教育的鲜明特色，应当将生活看作幼儿学习科学的重要场所和内容，将游戏作为幼儿学习科学的主要手段。要关注幼儿在日常生活和游戏中遇到的科学问题，学习身边的科学。从一些生活、游戏中的科学问题入手设计活动，把科学知识的学习融入幼儿的生活、游戏之中，让幼儿在真实的问题情境中探究科学，学习科学。

二、探究性原则

所谓探究性是指科学教育应当引导幼儿在多种形式的科学活动中主动探究、亲历发现过程，获得个人科学素质的成长。

探究是当前幼儿科学教育教学改革中出现频率最高的一个词。许多教师把自己设计实施的科学活动称为探究式科学活动，或把幼儿的学习称为探究性学习。事实上大家在使用探究这个词的时候通常蕴含着两种含义：一种是从幼儿学习的方式来说，是探究性学习；另一种含义则指教师的教学方法，即探究式教学。由于幼儿园活动是教师与幼儿的双边活动，因而不论是探究式学习还是探究式教学都涵盖了教与学两方面的含义。从广义而言，探究泛指一切解决问题的活动。狭义而言，探究则指科学探究。科学探究又可以分为幼儿自发的探究，教师指导下的探究和科学家的探究三种。幼儿科学教育中的探究是以幼儿自我探究为起点的、教师指导下的探究。

《纲要》中强调，“要尽量创造条件让幼儿实际参加探究活动，使他们感受科学探究的过程和方法，体验发现的乐趣”。实践证明，探究式教学在保护幼儿好奇心、激发幼儿的研究热情和学习积极性、培养其实事求是的科学态度、形成幼儿科学的思维方式和研究问题的方法、促进语言表达和合作能力的发展等方面起到了积极的作用①。

可以从以下几个方面来理解幼儿科学教育的探究性原则。

（一）探究符合幼儿的科学学习特点，是科学教育的基本原则

探究不仅仅是幼儿科学教育的基本方法，也是幼儿科学教育的基本原则。以幼儿探究学习为核心的科学教育教学是在教师指导下的以幼儿为中心的教学方法。它摒弃了传统教学中重视教师的讲解演示、忽视幼儿的主动探究，重结果（掌握科学知识）、轻探究过程

① 刘占兰. 学前儿童科学教育. 北京：北京师范大学出版社，2008：139.

的倾向，强调幼儿对周围事物的认识是通过主动建构、积极探究、直接感知获取的。建构主义理论认为，幼儿是通过自身的主动建构来获取对周围世界的理解的。探究式教学符合幼儿学习特点，是幼儿喜欢的学习方式。

（二）探究性的科学教育强调手脑合一

年龄越小的幼儿，动作在其思维发展中所起的作用越大。因此，面向幼儿的探究式教学中动手操作是重要的形式，教师应多提供给幼儿直接操作的经验，幼儿科学活动的材料应以幼儿可以直接操作的实际物品为主。但动手操作并不是探究式教学的全部，而是探究过程中的一个环节和媒介，幼儿借助这一媒介进行观察、判断、推理、思考，从而发现答案或解决问题。正如美国《国家科学教育标准》中所说的，“科学活动必须使学生投入能与教师及同伴互动的探究性的调查研究中……动手做还不够，还必须动脑做。”① 可见，探究不等于动手操作，探究是手脑合一的过程。在探究过程中，包括了手、脑、材料三者之间的互动。探究性的幼儿科学教育意味着提供多样化的材料让幼儿操作，同时要鼓励和提倡幼儿在操作中的发现、思考。

（三）探究性的科学教育强调过程，也关注结果

在科学教育中强调探究有两层含义：通过探究来开展教学，把科学作为一个探究的过程。探究式教学反对以直接灌输的方法教给幼儿科学知识，但不等于不要知识，而恰恰是要以概念和知识内容为依托，通过幼儿主动探究的过程积累科学经验，掌握进行探究的技能，形成运用探究技能的习惯，养成科学态度。离开了知识与内容的探究是无法存在的。

（四）探究性的科学教育强调教师的指导作用

探究性科学教育教学模式是在教师指导下的、以学习者为中心的学习，也就是说，既强调学习者的认知主体作用，又不忽视教师的指导作用，教师是意义建构的支持者、促进者，而不是知识的传授者与灌输者。教师在帮助幼儿理清探究问题、引导幼儿开展探究、启发幼儿观察、思考和得出结论的整个教学过程中起着关键性的作用。

三、多样性原则

所谓多样性是指幼儿科学教育活动是以多种形式进行的、幼儿多途径参与的科学探索过程，幼儿科学教育的实施过程是多种活动整合运用的过程。

可以从不同角度对幼儿科学教育活动进行分类。

从教师介入程度的高低区分，幼儿科学教育活动可以是结构性较高的集体教学活动，也可以是结构性较低的区域游戏活动，还可以是渗透在幼儿一日生活活动和环境布置中的科学教育。集体教学活动中教师介入程度较高，生活活动中教师介入程度较低，而区域活

① 蒋璐敏，袁德润．“科学探究”的内涵、实施与小学科学教师的培养．教育探索，2011（1）：101.

动则介于两者之间。三种活动是完整的、不可分割的整体，其终极目标都指向幼儿的探究与发现。在幼儿科学教育实施过程中，三种科学教育活动都发挥着各自的作用，有各自的特点与优势，只有相互配合与支持，综合使用才能最大限度地发挥作用、合力达成科学教育的目标。

从活动组织形式分，幼儿科学教育活动可以是全班进行的集体活动，也可以是小组活动或区域活动，还可以是生活和游戏中的个别探索活动。

从活动内容分，可以是对科学领域内容分主题的探索活动，如探索植物、动物、物理现象、人体等，还可以是同一主题中的一系列内容的探究。

从活动场所划分，可以是在幼儿园内，也可以是在大自然中、在社区中开展的科学活动。

幼儿科学教育正是在丰富多样的科学活动中，为幼儿提供连续不断、逐渐建构的学习过程，使其感受、了解、探究身边的科学现象，激发并保持幼儿对周围世界的好奇心和求知欲，增强幼儿科学探究的意识与积极性，帮助幼儿认识到科学技术的价值及其对自己生活的意义。

四、开放性原则

所谓开放性是指幼儿科学教育的实施不仅仅要依靠幼儿园内部资源进行，还需要开放并整合各种教育资源共同进行。

幼儿科学学习的基本内容来源于幼儿的生活。陈鹤琴先生曾说："大自然、大社会都是我们的活教材。"应当将幼儿的科学学习活动置于广阔的背景之中，充分利用自然、家庭、社会等资源，帮助幼儿不断扩展和深化对周围世界中科学现象的理解与体验，丰富幼儿的科学学习经历。

幼儿科学教育的实施者不仅指教师，更指社会各方人士构成的教育共同体。教师应当与社会各方人士互做支持，分享经验和专长，并与社会其他力量包括家长、科学家、科技人员和社会热心人士充分合作，开展幼儿科学教育，使幼儿的视线跨越幼儿园封闭的围墙，在开放的世界中获益并成长。

思考与练习

1. 简述制定幼儿科学教育活动目标的依据。

2. 请以"风"为主题分别为 3～4 岁、4～5 岁、5～6 岁幼儿设计科学探究活动，思考不同年龄段活动目标之间的联系。

3. 幼儿科学教育的目标可分为哪几个层次目标？试举例说明。

4. 结合案例，试阐述幼儿科学教育目标确定的原则。

阅读导航

1. 刘占兰.《指南》各领域要点解读：科学领域//李季湄，冯晓霞.《3—6岁儿童学习与发展指南》解读. 北京：人民教育出版社，2013：116.

2. 刘占兰. 学前儿童科学教育. 北京：北京师范大学出版社，2008：139.

3. 蒋璐敏，袁德润. “科学探究”的内涵、实施与小学科学教师的培养. 教育探索，2011（1）：101.

4. 张慧和，张俊. 科学. 南京：南京师范大学出版社，2008.

5. 中共中央国务院. 关于加速科学技术进步的决定. 北京：人民出版社，1995.

第四章

幼儿科学教育的内容

学习目标

1. 了解当今幼儿科学教育内容的价值取向。
2. 知道幼儿科学教育内容中的技能与关键经验具体有哪些。
3. 尝试根据幼儿科学教育的具体内容和理念改编或设计活动。

如果说幼儿科学教育的目标关注的是一种适宜的方向、原则和价值观，那么幼儿科学教育的内容则是对目标的具体体现。过去，科学教育的内容通常指的是知识性的内容，即通过学科知识的教和学，来实现教育的目标。当前大家普遍认同“对科学内容进行探究学习”的观念。探究不仅是方法，也是科学教育中非常重要的学习内容。儿童科学领域的学习，不仅要了解科学知识，更重要的是培养幼儿的科学素养。

第一节　科学情感与态度

正如在第一章提到的，科学素养是目前科学教育的核心。而科学素养包括知识、能力与情感态度三个要素。我国传统的幼儿园科学教育偏重科学知识的学习，忽视幼儿能力和情感态度的养成。《幼儿园教育指导纲要（试行）》（以下简称《纲要》）重新定义了学前阶段科学教育的内涵，把科学情感与态度的培养放在首位。幼儿的科学情感与态度表现在他们对自然和科学现象的好奇心，热爱自然、保护环境的态度，尊重事实与批判质疑的科学精神。

一、对自然和科学现象的好奇心

1. 好奇心对于幼儿的重要意义

好奇心是个体对外界新异刺激的探究性反应。它是幼儿与生俱来的一种本能。幼儿从出生开始就对周围的世界有着无穷的探究兴趣。这个时期幼儿对大自然有着与生俱来的好奇心和探究的兴趣。在他们的眼中，一片树叶、一朵云彩、一片花瓣都是那么神奇有趣，他们探索着、感受着……6 岁以前是对自然科学有着非凡接受能力的最佳时期。好奇心是幼儿学科学的内部动力，是“学科学的序曲”。日本学者角尾稔在《智慧和才能的发掘方法》一书中指出：“教和学有关动植物、物理科学的事实，自然界的知识，这并不是科学的学习本质。就孩子身边的各种事物培养‘这是为什么、为什么是这样的’等追根问底的精神，这才是理科教育和科学教育的真髓。”与成年人相比，幼儿缺乏丰富的知识、经验，周围的一切对于他们来说都是新鲜神秘的，因而表现出更强烈的好奇心。

拓展阅读

案例——拆表的孩子

教育家陶行知先生有一位朋友。一天，他怒气冲冲地来找陶行知说：“今天，我狠狠地揍了我儿子一顿！”陶行知忙问：“为了什么？”朋友说：“这个淘气的孩子，他把我的一只很名贵的金表给拆坏了。”陶行知听后，叹了一口气说：“中国的爱迪生今天让你给打没了。”朋友感觉很奇怪，急忙请教陶行知，陶行知说：“小孩子拆开你的表，是想知道手表为什么会嘀嗒嘀嗒地走，你那一顿不分青红皂白的痛打把孩子的好奇心打没了，以后孩子会变成对世界漠不关心的人。”朋友顿感后悔，问陶行知有无补救措施。陶行知说：“这很简单，你只需将你的孩子和表一起送入修表铺，这样修表铺变成了课堂，修表匠成了老师，你的孩子接受了一次生动的教育。”这个故事发生在半个多世纪以前，但故事中拆坏爸爸金表的小孩子却仿佛似曾相识。回忆我们的童年或者家里的小孩子，大概不少人都会有类似的经历，只是拆坏的东西可能换成了闹钟、洋娃娃、遥控汽车罢了。

教育家陶行知先生用通俗形象的比喻告诉朋友，孩子破坏行为背后所隐藏的好奇和探究是多么珍贵，也提出了如何去补救和保护孩子的好奇心，好奇心是幼儿学习的驱动力，保护幼儿的好奇心需要教师有一颗懂幼儿的心，能理解幼儿的好奇心，并采取一种比较宽容的态度，能够容忍而不是禁止幼儿的一些“越轨”的行为，理解而不是嘲笑幼儿的一些“愚蠢”的想法，必要时还要给予适当的引导，这样才会使幼儿感到自己是被教师所接受的，即使做错了什么也不要紧。这样，他们就敢于按照自己的想法自由地探究、大胆地尝试。同时，也只有在一种自由、宽松的气氛中，幼儿才会有创造性的表现。

2. 幼儿好奇心的表现

从幼儿心理发展规律来看，幼儿的好奇心通常表现在以下三个方面：

喜欢动手操作。幼儿在 2 岁左右就开始了喜欢“摆弄”的阶段。如摸摸海绵有什么感觉；摇一摇盒子，听听里面有什么声音；踢踢石子，看它会不会滚；专心致志地看一只蚂蚁爬来爬去；他们甚至会出现一些“破坏行为”，如把玩具拆得乱七八糟，把花连根拔起，看看下面究竟有什么；等等。

喜欢问问题。随着幼儿年龄的增长，他们开始提出形形色色、千奇百怪的问题，让成人难以招架。如：母鸡为什么会下蛋？为什么太阳不会掉下来？螃蟹为什么横着爬？……上述种种都是幼儿好奇心的表现。只有当幼儿对事物表现出浓厚的好奇心时，他才能有进一步探究的欲望，从而获得有关的经验和知识。

喜欢收集。6 岁以前的幼儿对于大自然有着天生的敏感和喜爱之情。他们不仅喜欢在大自然中游戏玩耍，也喜欢捡拾自然物如树叶、花瓣、石头、树枝等作为“收藏品”。许多成人眼里的垃圾废品在幼儿的眼里则是“宝物”。

拓展阅读

案例——丢失的宝石

幼儿每天在户外玩耍时会捡拾一些东西带回班级，放在自然角里。小宝捡了一些石头放在窗台上。幼儿午睡时老师对自然角进行了整理。她留下了两块石头，将其他的石头扔进了垃圾桶。午睡结束后，小宝来到自然角，发现宝石变少了，于是匆匆跑到老师面前，焦急地说：“老师，我的宝石去哪儿了？我的宝石丢了！”

为什么在小宝眼里普通的石头是宝石？

在幼儿眼里，自然界中的一切都是那么神秘、好玩和有趣。小宝捡了石头并带回班里，是他对大自然探究的结果，是他的发现。小宝在这个过程中充满了愉悦感和满足感，每块石头在他的眼里都是宝石。而教师则从成人视角去看待小宝捡回来的石头，挑选出成人眼里漂亮的石头，丢弃了其他石头。这一行为在一定程度上伤害了幼儿。站在幼儿视角来看待世界，是保护幼儿好奇心的根本。

3. 教师对幼儿好奇心的保护

保护幼儿的好奇心并使之成为幼儿探究科学的原动力是教师的重要职责。教师应当在班级中创设宽松民主的氛围，鼓励幼儿探究，宽容并尊重幼儿的表现。教师应做到：正确引导幼儿的破坏行为。在鼓励和肯定幼儿的探究行为的基础上讲清道理，引导幼儿用其他的方式来探究。对于幼儿故意的破坏行为则要加以制止和教育。耐心倾听幼儿的问题，正确对待并引导幼儿的提问，及时支持幼儿的好奇心，鼓励幼儿探究。

拓展阅读

案例——迎春花的花能种在土里吗?

春天，幼儿园的院子里迎春花开得正艳，几朵花被风吹落在地上。4 岁的蒙蒙小心地捡起花，满心欢喜地对老师说："我要把它种在土里，就会长出好多好多漂亮的花。老师你说可以吗?"你会如何看待蒙蒙的想法？怎样回应她的问题?

在成人看来，蒙蒙的想法实在荒谬。常识告诉我们，迎春花的花瓣埋入泥土很快就会烂掉，不可能再培育出迎春花。而对于 4 岁的蒙蒙来说，她在捡迎春花花瓣过程中，对于花朵的喜爱和渴望之情使她萌发了能够再看到更多漂亮花朵的愿望，基于她的生活经验和认知水平，她想到了种花瓣的办法。蒙蒙天真幼稚的想法，实在值得珍惜和尊重，同时这也是一个很好的教育契机。

教师可以这样说：你的想法很有趣，那就埋在花盆的泥土里试试，看能不能长出漂亮的花朵。教师这样的反应既保护了孩子的好奇心，又让幼儿通过自己的探究获得了问题的答案。有些教师或家长厌烦幼儿的问题或者他们好奇的行为表现，采取不理睬、嘲笑或者冷眼相加的态度，如"烦死了""你真傻"等，伤害了幼儿的心灵，长此以往会使幼儿对周围一切事物失去兴趣与好奇心。因此当发现幼儿对周围事物产生了好奇心，出现注意或者摆弄某一物体、观察某事物或现象时，应当及时支持，表示关注。

当幼儿向教师报告或提出疑问时，教师一定要耐心倾听并表现出兴趣以示鼓励，从而刺激幼儿的探究精神。幼儿的问题千奇百怪，有的时候确实令人难以招架。教师可以根据实际情况用以下不同的方式对待幼儿的提问：

(1) 设置问题箱搜集幼儿的问题。对于中大班的幼儿来说，教师可以在班级中设置问题箱，鼓励幼儿在教师或父母的帮助下将自己的问题写成文字，放入箱中。对于小班的幼儿来说，教师可以支持幼儿把自己的问题用绘画加符号的方式表达出来。教师通过查看、整理问题箱中幼儿提出的问题来了解幼儿，给予恰当的回应。对于幼儿的一致的问题则可以作为课程的来源。这一做法既很好地回应了幼儿的好奇心，又培养了幼儿的早期读写能力，很好地发挥了幼儿问题的教育价值。

(2) 鼓励引导幼儿通过自己的探究寻找答案。对幼儿的提问表达关注和支持并不意味着有问必答。事实上有问必答有可能造成幼儿懒于思考、依赖他人的心理。教师应当有意留出让幼儿思考的空间，鼓励幼儿自己寻找答案，如启发幼儿“你自己想想看”，“有什么办法能找到答案呢”？和幼儿一起查阅资料寻找答案。对一些成人回答不了的问题，教师可带领幼儿共同向书本求教，向实践求教，向他人求教，培养幼儿的科学态度和自主精神。教师可以对幼儿说：“老师也不知道，让我回去查查书再来告诉你。”或者说：“咱们一起来看看百科全书，看看书上是怎么说的。”

（3）尊重幼儿的问题。对于一些幼儿难以理解或成人难以解释的问题，应该采取尊重他们爱护其好奇心的态度，可存留悬念并告诉他们，随着年龄的增长和知识与经验的积累将来一定能回答这些问题。教师可以说：“你这个问题问得真好。等你长大了，学了很多知识以后就懂了。”教师也可以这样回应：“这可考倒我了！也许世界上没有一个人知道为什么，也许你长大以后会成为世界上第一个发现答案的人呢！”

拓展阅读

案例——蜗牛有嘴吗？

幼儿在户外游戏时发现一只小蜗牛。几个幼儿围在一起观察，他们七嘴八舌地议论起来：“蜗牛没有嘴，它不会吃东西。”“有，会吃，如果蜗牛没有嘴，不会吃东西，那它怎么活呢？”“你看见过蜗牛吃东西吗？”老师听到幼儿的争论，走过来对幼儿说：“小朋友们动脑筋想一想，怎么才能知道蜗牛有没有嘴呢？”

幼儿热烈地提出自己的意见，最终决定通过给蜗牛喂食物来证明这件事。他们小心翼翼地将蜗牛带回班里放在自然角，喂蜗牛菜叶吃。

幼儿有了惊喜的发现：“快来看呀！蜗牛真的有嘴！”“你们看，早晨我给小蜗牛放了一片莴笋叶，叶子上没有洞。现在叶子上有洞，而且叶子的边缘也是残缺不全的，一定是蜗牛吃的！”

蜗牛有没有嘴？这是一个充满童趣的问题。教师面对幼儿激烈的争论，并没有急着把答案告诉幼儿，而是不动声色地引导幼儿自己想办法来找答案。幼儿通过喂莴笋叶给蜗牛吃，得出了蜗牛有嘴的结论。在这个事件中，教师不仅保护和尊重了幼儿的好奇心，也引导幼儿通过主动探究来寻找问题的答案，锻炼了其探究能力，使生活中寻常的事件成为有教育意义的活动。

二、热爱自然、保护环境的态度

《纲要》指出科学领域的目标之一是爱护动植物，关心周围环境，亲近大自然，珍惜自然资源，有初步的环保意识。随着科技的飞速发展，环境污染成为各国面临的重大挑战。保护环境、爱护地球成为每个公民应尽的义务。各国政府都呼吁环保教育要从小抓起。尤其在我国，环境污染日趋严重，破坏环境的行为或事件时有所闻。人们开始重新反思自然与人类之间的关系，从以往的利用自然、征服自然转变为亲近自然、敬畏自然。对于幼儿来说，培养他们从小热爱自然、爱护环境的情感态度是十分必要的。

由于幼儿年龄还小，在幼儿阶段环境保护教育最基本的目标就是激发幼儿对于大自然的热爱之情，使幼儿初步了解大自然和人类之间的关系，知道自然是人类生存的基本条件，应当爱护自然、保护环境。如带领幼儿观察不符合环境保护要求的现象；知道花被折断、草被踩倒时，应该怎么办；知道树木、草原荒芜以后，环境会变得怎么样；等等。还可以组织环保的实际行动，让幼儿亲身参与环境保护，如收集旧电池集中交给有关部门处理，用废旧物品制作玩具等。

拓展阅读

案例——春天的烦恼

春天，万物复苏，老师带幼儿来到草地上玩。好动的俊俊第一个在草地上打起了滚，顽皮的东东也摘起了小花，小朋友们在他们的带动下，兴高采烈地玩了起来，只有嘉嘉站着不动，一本正经地说："花儿好看不能摘！草儿好看不能踩！"这下老师犯了难：支持嘉嘉吧，幼儿就失去了用多种感官亲近、感受大自然的机会；支持俊俊和东东吧，又与平时的教育相违背。如何看待这一问题？怎么处理？

这个活动的本意是走出幼儿园，到大自然中感受春天，体验春天的特征，这是幼儿十分喜欢的活动。但由于教师事先没有提出去草地玩的基本要求，使得幼儿的行为出现了冲突，一方在草地上打滚，另一方则认为不能破坏草地。在这种情况下，教师应当抓住这一教育契机，与幼儿一起讨论什么是恰当的行为方式，让幼儿观察在草地上打滚以后，草地变得怎样了，花朵被摘以后，花朵变得怎样了。引导幼儿知道亲近大自然又不破坏大自然的方法，使幼儿学会保护大自然，形成环境保护的意识。

三、尊重事实与批判质疑的精神

在集体教学活动中，幼儿在表达想法、回答教师问题时经常会出现人云亦云的情况。一方面是因为幼儿年龄小，认知水平和语言表达能力有限；另一方面则与教师的态度有着密切的关系。一些教师在教学过程中总是想方设法引导幼儿朝着标准答案回答，过度表扬幼儿给出的标准答案等，在这样的班级氛围中，很难听到幼儿的不同声音。

尊重事实与批判质疑是密切相关的两种重要的科学精神。敢于发表自己的观点，提出疑问是十分重要的，这既是幼儿自信心的表现，也表明了幼儿善于独立思考的思维方式。教师应当鼓励幼儿敢于说出自己的看法，甚至对教师的说法提出疑义。如在活动中，鼓励幼儿说得和别的幼儿不一样；当教师对某些问题不知道答案时也应该坦诚地告诉幼儿"老师也不知道"，甚至请幼儿来找一找老师的错误等。通过这些活动，能够使班级氛围变得轻松，潜移默化地培养幼儿的科学精神，也进一步促进幼儿的思维和个性的健康发展。

拓展阅读

案例——菊花是臭的

教师组织幼儿观察菊花的活动，请幼儿闻一闻菊花是什么气味的。有许多小朋友都说，菊花是香的。而有一个小朋友却站起来说，菊花是臭的。教师没有斥责这个孩子，而是表示尊重他的这个看法，并以此为契机，请小朋友都来闻一闻摆在这个小朋友面前的菊花，果然这盆菊花有一种淡淡的臭味，原来是花盆中刚刚施过肥，化肥的气味盖过了菊花本身的香味。

在该案例中，老师对于说出"菊花是臭的"的幼儿表现得十分宽容尊重，她请其他幼儿去闻菊花的气味，事实证明，这个幼儿真实地表达了他闻到的气味，虽然答案与别人不同，但是他勇敢地说了出来。教师对于这个幼儿看法的尊重为全体幼儿做出了榜样，使幼儿敢于发表自己的意见，学会了尊重事实与敢于质疑的基本的科学精神。

第二节　科学探究的过程与技能

对于强调过程而非结果的科学教育，科学探究技能的学习是科学教育中十分重要的内容。尤其在经济、科技飞速发展的现代社会中，知识更新速度加快，拥有良好求知能力的幼儿才能适应发展的节奏，为终身学习打下良好的基础。在以往的幼儿园教学中，教师习惯于"给鱼吃"，而不教给幼儿"捕鱼的方法"。甚至有一些教师自己也不知科学探究技能为何物，更谈不上如何去探究求知。所谓科学探究技能即幼儿在科学活动中获得知识和运用知识的能力。科学探究技能又被称为科学程序技能（science process skills)，它既是幼儿的学习方法，也是教师的教育手段。具体来说，幼儿科学探究的基本技能包括：观察、分类、测量、预测、实验与操作、推论、记录与交流等。

一、观察

所有科学的本质都在于观察，通过观察人们才能提出可供调查的现象和问题；通过观察人们才能在调查的过程中提出研究的程序；通过观察调查结果，人们才能做出推断并得出结论。观察是科学探究的基本方法，也是幼儿从小认识世界的基本方法，很多时候幼儿比成人更有成为一个好的观察者的潜质。但是这并不意味着他们已经完全获得了在科学探究中进行观察的技能。在科学探究的过程中，幼儿需要能够准确、全面地进行观察，并且能发现非预期的结果。这些都是幼儿需要精进与发展的技能。教育工作者应该为儿童创造尽可能多的观察机会，把观察渗透到每日计划的各个方面，来帮助幼儿强化他们的观察能力。

观察不是简单的看。观察的过程包括：

运用所有的感官；

指出事物之间的相似和差异；

观察归纳事物和现象中的模式；

指出所观察现象及周围世界中的结果和事件；

解释观察结果。

例如：儿童在探究周围环境中的生物时，会听到周围的声音（说话声、车鸣、鸟叫、风声、雨声等）。儿童可以闻到天然的和人工的气味（花香、刚修剪的草地、潮湿的泥土、汽车尾气、香水等）。他们还可以感受建筑物所使用的材料、树皮的质地和纹理，脚下不同的地面。儿童可以看到不同的颜色，如树的绿色、砖的红色或树皮的棕色，还可以寻找小动物活动的迹象，或者观察叶脉或昆虫翅膀的纹理。他们可以感受、观察生物的习性特征，开始意识到为什么动植物要生活在特定的地点，它们需要哪些东西才能存活并生长。儿童能认识到，在一年的特定时段可以找到一些生物更多的生活迹象，而且有些生物有着相似的需求和生命周期。通过这一类探究，作为观察的一种结果，儿童有机会培养更多的技能：给生物分类，提出一些可以促进进一步观察或探究的问题，交流观察的结果，表达自己的理解等。

拓展阅读

幼儿观察的特点与教师的指导

(1) 幼儿不会全面地运用五官去了解事物。幼儿在观察事物时，一般多运用眼睛去观看事物的外部特征，而很少同时运用触觉、听觉、嗅觉和味觉等其他感觉器官去获取各方面的信息，因而他们获得的信息往往是片面的、零碎的。教师可以帮助幼儿认识五官，并学会使用五官。这一教育内容贯穿在幼儿的整个阶段，教师可利用日常生活进行。如启发幼儿用眼睛去观察周围的事物与环境，包括颜色、形状、大小、长短、厚薄、粗细、快慢、明暗等；用耳朵倾听辨别各种物体的声响，如声音的高低、长短、强弱，辨别各种动物的鸣叫声等；品尝各种味道，如酸甜苦鲜咸等；嗅各种物体的气味，如鲜花的各种香味、鱼的腥味等；用手触摸各种物体的质地，如软硬、光滑和粗糙等。也可以用游戏的方式进行，如“摸摸大树跑回来”“猜猜我是谁”等。

（2）幼儿在观察事物时只感知物体突出的个别属性，而不会完整有序地观察物体和现象。幼儿在观察一个事物时，往往首先被物体的鲜艳色彩，奇特的形状、声音或者其他新奇的特征所吸引，而忽视了对物体的其他特征的观察。同时，幼儿在观察时常常是杂乱无章的、无序的，因此，他们对事物的观察不够全面、完整。教师可以鼓励幼儿从不同的角度观察事物。从不同的角度、侧面、方向去分析事物或者现象是科学家在实验探究过程中保持的一种科学态度，同时也是一种思维方式。从小鼓励幼儿从不同的角度去认识和探究事物，对于幼儿思维的发展是十分有益的。如观察苹果，既可以观察苹果光滑的表皮、削去皮后的果肉；也可以将苹果竖切为两半，观察苹果的内部结构是什么样子；还可以鼓励幼儿将苹果横切开，看看苹果内部与竖切时是否一样。通过这些不同角度的认识活动，使幼儿对于事物的认识更加全面细致，同时也使幼儿的思维变得灵活敏捷。

（3）幼儿在感知观察事物时往往凭一时的兴趣，难以坚持，也不稳定。常常看到一些幼儿对某一事物观察了一小会儿，就开始互相追逐打闹，忘了观察。这一方面是由于他们缺乏观察的目的，另一方面也是幼儿注意力的特点所决定的。教师可以引导幼儿观察事物的变化以及成长过程。这一观察过程可以培养幼儿的耐心和坚持性，同时也帮助幼儿更好地认识事物的发展变化。如：观察小蝌蚪生长直至变成青蛙的过程；观察种子发芽、成长的过程；观察月亮从缺到圆的过程等。

二、分类

分类是将物体或事件分组的过程。分组是分类的一种简单形式，为了完成这个任务，幼儿需要学会比较相似物体的异同，分类的标准可以是颜色、形状、大小、用途、位置以及其他各种幼儿所认识到的特征。教育者应该为幼儿提供各种机会来练习描绘物体的特征、区分物体之间的异同并将物体分类和分组。

幼儿在日常生活中，经常会进行分类活动。例如：教师请穿着不同颜色鞋子的幼儿按照鞋子颜色站成不同的队伍；请幼儿记录天气情况图表日志，然后根据先前选择的类别将天气情况分类，如晴天、多云、雨天、下雪或炎热、暖和、凉爽、寒冷。让儿童收拾建筑区的积木也是一种分类的活动，这需要他们识别出与某块玩具及其放置地点都相似的玩具的形状和设计图案。类似地，在日常生活中收放玩具时，需要把小汽车放进汽车箱里，把塑料熊放进装小熊的盒子里，把益智区的玩具放回相应区域的玩具柜里，在这些过程中幼儿的分类技能得到了发展。

分类是幼儿进行科学探究的必备技能，幼儿懂得如何分类才能更有效地深入探究。为了能成功实施调查，幼儿需要看到事物和事物之间的相同之处和不同之处，并根据它们的共同特征重新进行排列和组织。换句话说，他们在进行分类。分类帮助幼儿整理纷繁复杂的感性经验，使这些感性经验条理化从而有助于幼儿更好地探究事物之间的关系。

在分类思维的早期发展阶段，幼儿能给事物分组，但不能讲出分组的理由。分类技能进一步发展之后，幼儿能使用某个特征作为分组的标准。例如，探究一堆玩具车时，幼儿会注意到红色的玩具车，然后就把所有红车都分在了一组，接着把所有其他玩具车，不论什么颜色，都分在了另一组。分类技能又发展了一个阶段后，幼儿可以用单一的标准区分所有的玩具车，如颜色。这时，幼儿可以分出多组玩具车，如红车、蓝车、绿车。

最初，幼儿选择的分类标准通常是物体的物理特征，如形状、颜色、气味或声音等。之后，幼儿会发展到依据物体的功能进行分类，如筷子和碗可以分在一组是因为它们都是吃饭用的。分类能力发展到较高水平时，幼儿会根据物体的属性进行分类，比如把蔬菜和水果分成两类。

拓展阅读

案例——布置大班图书区（书的分类）

教师让幼儿每人从家里带来两本图书，按照自己的想法分类摆放在图书区，说说自己是怎么来分类的。

硬皮的、软皮的；自己的、别人的；写给小朋友的、写给大人的；外国人写的、中国人写的；书页数；有图的、没图的；出版年份；形状；大小。

拓展阅读

案例——树叶的分类

秋天户外活动时，教师鼓励幼儿按照自己的想法给树叶分类。例如：发亮的和不发亮的；毛茸茸和不毛茸茸的；树叶形状、颜色；从哪儿捡的；光滑的和粗糙的；叶子边是平的或齿状的。

上面两个案例中，教师引导并鼓励幼儿根据自己的想法来分类。从幼儿的分类情况来看，体现出这样的特点：首先多数幼儿的分类是感知水平的分类，如有的幼儿从书的大小、形状、软硬来分，有的幼儿从树叶的形状、颜色、从哪儿捡的来分，等等。但在幼儿感知水平的分类中，也有一些独特的分类，如树叶分类中幼儿敏锐地观察到树叶叶子边有的是平的、有的是齿状的，也细致地观察到叶子表面有的发亮、有的则不发亮等，都体现了幼儿细致的观察力。在书的分类活动中，幼儿能够结合自己的阅读经验根据读者对象、作者国别来对书进行分类。可以看出，在教师的鼓励和引导下，幼儿在分类活动中表现出了很强的创造性，能根据自己的想法对物体进行分类。

三、测量

测量是帮助我们认识事物的大小、重量、体积、冷热和时间等的科学方法。测量可以帮助幼儿更准确地描述观察的对象，还可以对不同物体或事件进行比较。早期儿童科学学习中有五种基本的测量内容：长度、体积、重量、温度和时间。

1. 长度测量

长度的定义是两点之间的距离，例如桌面的高度、积木的长度、人的身高、操场的周长等。长度的测量可以使用不同的测量单位，使用合适的单位能让测量更方便，结果也更容易理解。

教育者应该鼓励幼儿测量许多东西。在掌握测量的能力之前，幼儿要先学会比较。幼儿园中教师经常会提到有关比较的问题，例如，哪个小朋友更高？谁的鞋子更小？教师可以为幼儿提供许多机会去比较长度，如比较小棍、树叶、桌子、积木、粉笔的长度，小球的直径等。需要注意的是，教师应该避免让幼儿将图片或照片中的物体与实际物体的大小进行比较，因为这需要幼儿首先具备将照片中的图像转化为实体图像的能力。通常情况下，年龄较小的孩子不具备这样的能力。如果给一个 3 岁幼儿呈现两张图像大小相同的照片，一张是一只猫，另一张是一头奶牛，那么这个 3 岁的孩子会认为猫和奶牛的实际大小是一样的。幼儿应该经常使用一些真实的材料进行比较，然后学习测量。

教师应鼓励幼儿设计自己的“非标准化”测量系统，来帮助他们理解长度测量的本质。幼儿可以用乐高拼插玩具、积木、纸夹、裁好的绳子、手指的宽度、脚长等作为测量单位，用它们的个数来表示物体的长度。通过这种“非标准化”的测量方式，幼儿理解了物体的长度可用数量（量化的方法）表示，而且这些长度单位的数量之间可进行比较。幼儿获得对长度本质的基础理解，并能够用量化的词汇来表示长度，这种能力的获得远比记住单位及换算更为重要。当然，幼儿也可以并且应该使用直尺、米尺等工具，但这些工具的使用应仅仅被视为进行长度测量的一种方法。

拓展阅读

案例——自然角的变化

幼儿在自然角中种植了大蒜，在泥土里埋入了冬瓜的种子。幼儿每天都会去自然角看一看，量一量，观察蒜苗长高了多少，冬瓜种子发芽后长得怎样了。为了便于幼儿观察，教师在栽种冬瓜种子的空瓶上用红色胶带纸标示出了刻度。

测量植物生长的高度是幼儿园自然角中的常见活动。教师设置了两种测量方式。大蒜的生长测量用尺子来量，而冬瓜种子生长变化的测量则可以借助事先在瓶子上画好的刻度进行，刻度画得越鲜明，孩子就越容易观察到。另外，在这个测量活动中教师还提供了两种栽种大蒜的方式，一种是种在泥土里，另一种则是泡在水里。通过测量、观察等方式让幼儿来比较两种栽种方式下大蒜的生长情况有什么不同。不同的测量任务提高了幼儿的活动兴趣，获得了对植物生长的感性经验，也让幼儿积累了多种测量的经验，体验到测量在实际生活中的作用。

2. 体积测量

物体的体积指的是它占有多少空间。像长度测量一样，幼儿非常喜欢发明自己的体积单位，如勺子、瓶盖、纸杯等。

由于幼儿对守恒理解的局限，他们在理解体积概念时有一定困难。还记得皮亚杰关于儿童体积守恒能力的经典实验吗？当实验者把水从一个高杯子里倒入一个大水槽里时，幼儿会认为，水槽里的水比高杯子里的水减少了，因为水槽里的水不如杯子里的水深。他们不理解虽然形状发生了变化，但物质的量并没有发生变化。因此，在学前阶段开展体积守恒的活动可能是不适宜的。针对幼儿开展的体积测量活动可以围绕“这个容器它能盛多少东西”来展开。

3. 重量测量

重量是重力对物体的引力。像长度和体积一样，幼儿很喜欢发明他们自己的重量单位。教师应该鼓励幼儿根据塑料小熊、乐高积木、雪花插片等类似物品的数量来测量物体的重量。对于幼儿，与重量相关的最重要的概念是比较。幼儿可以掂一掂不同大小的石头，看看谁轻谁重。幼儿也可以比较书、不同大小的垫圈等物体的重量。

掌握测量重量的工具和设备也是必要的。例如：双盘天平对幼儿来说是一种测量重量的合适工具，幼儿把待称物体放在一个托盘或吊桶上，再把重量单位（砝码、乐高积木等）放在另一个托盘或吊桶上，每次放一个，直到天平臂达到水平状态或者天平指针显示出托盘或吊桶达到平衡为止。此时，幼儿数一数用了多少个重量单位，就可知道物体的重量了。

4. 温度测量

温度可以通过华氏温度或者摄氏温度来测量。两个度量单位的基本参考点是纯净水在标准大气压下的结冰点和沸点。在华氏温度中，水的结冰点是 32 度，水的沸点是 212 度；而在摄氏温度中，水的结冰点是 0 度，水的沸点是 100 度。

温度是一个较为抽象的概念，年幼的儿童较难理解。他们更熟悉的是比较物体的冷热。教师可以询问幼儿关于温度的感受，让幼儿根据自己的体温比较物体的冷热。此外，教师还可以询问幼儿对于温度的日常经验，如“你喜欢哪些热的/凉的食物和饮料?”“当室外很热/很冷时是什么季节?”等。通过这种方式，幼儿开始认识到有不同的温度，也认识到不同物体温度不同。对于年龄更大的幼儿，他们应该逐渐学习准确地测量温度。幼儿可以亲自使用各种温度计。例如，请幼儿记录广播或电视的天气预报中播报的当天最高温度，然后把这个温度标记在挂在学校墙上的大温度计上。读取温度计时需要推断读取没有数字标识的刻度，这需要幼儿有估计能力来读取温度计的结果。当他们获得了这种能力后，他们就会数标记在温度计上的线，并且读取准确的结果。

5. 时间测量

幼儿园科学活动中经常涉及时间间隔的测量，例如纸飞机落到地面的时间。幼儿可以通过数有节奏的拍子对时间进行估算和比较。当幼儿获得了这种用有节奏的方法数秒的技能时，就可以把他们数的秒数和钟表上飞快走着的秒针做比较，这样他们就明白这种记录时间的方法实际上是非常接近“确切”时间的。测量得到的每一秒都是一天的一部分。认识钟表、学会看时间都是幼儿在学前教育中需要学习的技能，当幼儿掌握了这些技能后，他们就可以参加涉及一天时间的活动了。例如，在探究水蒸发需要多长时间的活动中，幼儿可以按一定的时间间隔测量盘子里剩余水的高度。

四、预测

预测是指我们针对某些行为将会导致什么样的结果做出最佳猜测的过程。通过尝试我们能够发现自己的预测是否正确。在尝试的过程中，假如观察到的证据支持先前的预测，那么我们的思维很可能就是正确的。假如观察到的事物与先前预测有出入，那么我们可能需要重新定义、讨论或转换一下思维。

幼儿教师在科学领域能够提出的一个十分重要的问题是：“假如……将会发生什么?”这种需要探究的问题来自人们的好奇和疑惑。问题被提出来后，必然需要得到某种解答。而回答这些问题实际上就涉及预测的过程。我们能够做出具有一定准确性的预测，比如：我们能够根据合理的证据预测北京冬天的天气将是寒冷的，夏天的天气将是炎热的；天文学家通过对哈雷彗星运行速度和轨道的复杂计算预测出，下次能够在地球上看到它的时间是2061年。还有一些预测的准确程度更低一些：气象学家能预测未来一两天内的天气情况，为大众提供天气预报服务。但是由于天气预报依赖于很多多变的因素，这些因素的突然变化会导致实际的天气情况与天气预报不一致。

预测是“做科学”的关键，在幼儿做实验之前要鼓励他们先进行预测。例如，幼儿在实验前预测某物体是会下沉还是会上浮，把冰块放在太阳下预测会发生什么变化。通常教师需要做的是提前准备好预测的记录表，来帮助幼儿维持有限的注意力。通过这种预测的方式，幼儿才能学会把实际发生的情况与他们所认为会发生的情况进行比较，而不是没有任何思考地接受所发生的事实。当幼儿的预测和实际发生的事情有出入的时候，他们的头脑中就会产生需要解答的问题。而这个问题往往会在更深入的探究中得以解答，这就是科学的本质。

五、实验与操作

实验与操作是幼儿最喜欢的活动形式，也是幼儿在科学探究过程中应当获得的一种重要技能。从某种意义来说，幼儿的实验与操作就是一种游戏。在寒冷的日子里把一碗水放到室外，看看有什么变化；用一张红色的玻璃纸看周围的环境是怎样的；把红色纸和蓝色纸重叠在一起，看一看世界又变成什么样了；把一根香蕉放到一个密封的罐子里，过半个月再来打开看一看，香蕉变成什么样了。通过操作和实验，幼儿会发现许多问题，并找到问题的答案，他们也开始懂得各种现象都是有原因的，世界充满了变化、充满了奥秘，能够探究这些秘密是多么有趣的事。

幼儿在进行动手操作活动时，和科学家有很多相似之处：科学家是在好奇心的驱使下不断深入研究的；幼儿也是在真实的科学探究情境之中，在动手操作中，激发多种感官的投入，在轻松愉快的氛围中掌握方法，形成对科学的积极态度。教师应当尽可能地创造条件让幼儿亲身操作和实验。要引导幼儿通过操作和实验知道自己在实验中的行动或操作和实验现象之间的联系，学习在实验中尝试不同的操作方法以得到不同的实验结果。

拓展阅读

案例——怎样使叶子保鲜时间长

幼儿在户外捡拾到刚掉落的绿色叶子，议论着怎么让叶子不干，还保持绿色和新鲜。教师引导幼儿自己想办法，幼儿说了以下几种办法：泡在清水里、泡在醋里、埋在湿润的泥土里、泡在盐水里。老师鼓励幼儿自己通过实验来证明哪种方法效果最好。

上面这个案例和幼儿的生活密切相关。幼儿在户外散步时发现了落叶，讨论怎样能够使叶子保持绿色和保鲜。教师积极鼓励幼儿自己想办法。幼儿大胆提出了自己的想法，并付诸行动，通过实验来证明哪种方法最有效。虽然幼儿的想法是天真幼稚的，反映了他们的生活经验和认知水平，但可贵的是在实验和操作中幼儿动手动脑，观察、比较、分析，争论与思考，在探究中积累了知识与经验。这就是幼儿的实验，也许不那么严谨，也并不复杂，但确实经历了在操作中学习、思考、发现的科学探究过程。

六、推论

根据所观察、操作或实验的现象，提出合理的解释或者下结论就是推论。如当幼儿看见窗外树枝静止不动时，就会说外面没有风。又如炎炎夏日，幼儿观察到活动室内自己照顾的植物生长良好，而园中的植物却枯黄一片，就说道：外面的花没有浇水长得不好。推论很重要，它可以将幼儿的科学经验整合起来或者做出总结，帮助幼儿超越“发生了什么事情”的境界，进一步进行思考，找到规律、关系或模式。

推论与预测不同：预测是对下一步将要发生什么的猜测；而推论是事件发生后猜测出原因，并且这种猜测是建立在已有的证据之上。基于充分证据的、合理的推论是所有科学的理解的基础。幼儿园中的许多科学活动都需要幼儿做推论。教师应该多向幼儿询问他们在活动中看到了什么，以及它为什么会发生。通过这种方式可以促进儿童的推论能力的发展。此外，儿童读物也能培养幼儿的推断能力。在为幼儿阅读故事后，不要急于传递教师的理解，要给幼儿自己尝试去解释的机会。

拓展阅读

案例——蜗牛有听力吗

幼儿在喂养蜗牛的过程中发生争论：蜗牛究竟有没有听力？有的说有，有的说没有。教师召集幼儿讨论。提问：怎样知道蜗牛有没有听力？幼儿争执不下。“我们做什么样的实验就能知道蜗牛有没有听力？”幼儿纷纷发表自己的意见。教师整理了幼儿的想法，分四组进行实验：

小组 1：轻轻呼唤“蜗牛”。小组 2：使劲拍手。小组 3：大声地对着蜗牛喊。小组 4：把录音机播放到最大的音量。

通过实验观察蜗牛的状态，发现：蜗牛没有什么反应。蜗牛没有听力，听不见声。四组幼儿最终得出结论：蜗牛没听力。

在上面这个案例中，幼儿很好地使用了推论能力。当幼儿对蜗牛是否有听力提出问题后，他们通过呼唤、拍手、放录音等方法来观察蜗牛的反应。他们认为如果蜗牛有听力，那么听到声音就会有反应。通过四种类型的实验发现蜗牛没有反应，说明蜗牛没有听力。

资料来源：“做中学”科学教育实验项目专家组. “做中学”在中国：幼儿园、小学科学教育案例. 北京：教育科学出版社，2004：8-9.

七、记录

科学教育活动中幼儿的记录，是幼儿表达科学知识经验的过程。它在帮助幼儿获得科学信息、建构科学概念、促进探究能力发展等方面有着不可替代的作用。记录信息是一个相当重要的环节，实验记录既是幼儿学科学的记录，也是幼儿成长的真实记录①。比如幼儿在进行有关“蚕的生长”的记录时，他们能清楚地知道蚕的四种不同的发育阶段是卵、幼虫、蛹、蛾，以及蚕的生长环境、蚕的食物是什么等。这样通过一段持续时间的观察与记录，幼儿对蚕的理解比通过教师直接讲述或者使用绘本的效果要深刻得多②。《3～6岁儿童学习与发展指南》指出：在科学探究中，幼儿要具有初步的探究能力，其中包括幼儿能用图画、数字、图表或其他符号进行记录，且探究活动中能与他人进行合作与交流。

由于幼儿发展水平的差异以及个人喜好的不同，不同的幼儿会选择不同的记录内容，采用不同的记录方式，这些记录方式可能并不科学，甚至在成人看来毫无意义。但是不论如何，这都是幼儿在探究中的所见、所闻、所想的结果，反映了幼儿思考和记录的过程。因此教师应该站在幼儿的角度，尊重幼儿的记录，为幼儿创设多种类型的记录表，方便幼儿在活动中选择适合自己的记录方式。当幼儿感觉到教师或父母对于自己记录的肯定和尊重，会更乐意通过记录方式去学习和探究，进而提高其对科学探究的兴趣。

八、交流

交流是让别人知道我们在做什么、想什么的过程。交流能帮助幼儿思考自己探究的过程，表达自己的发现，澄清自己的思路，达到对探究现象更好的理解。

交流还让幼儿可以接触他人的观点，在这个过程中幼儿逐渐学会把自己的观点看作暂时的、可以修改的。如果他人表达的观点不同于自己的观点，他们会感到迷惑，并且要进行进一步的探究和调查。在很多科学探究中，交流就是课堂活动中的一般性讨论，即课堂漫谈。这是一种建设性的谈话，幼儿在其中可以发表彼此的观点，表达并澄清各自的想法，并在此过程中达到更深刻的理解。需要强调的是，不仅幼儿之间的交流很重要，幼儿与成人的交流也很重要。成人可以质疑，也可以鼓励和支持幼儿进一步的探究和学习。因此，教师在推动交流中所扮演的角色至关重要。常用的交流方式是说和写，但是交流有多样化的方式，并不局限于此。做手势、画画、讲故事、表演哑剧、唱歌、表演木偶戏、演话剧、做不同的面部表情这些都是交流的方式；制作各种海报、准备布告栏、创造各种符号、画地图也是交流方式。对于年龄稍大的幼儿，写数学表达式，画各种曲线图、表格、图表也是交流方式。比如每日天气图或者室外温度表就告诉了人们许多关于天气的信息；

① 林凤．科学活动中不可缺少的工具：记录表．小学科学（教师版），2018（5）：31.
② 高云蓝．中班幼儿眼中的记录．成都：四川师范大学，2018.

幼儿每天吃的食物种类图也表明了他们的营养习惯。

幼儿园科学教育活动中应包含大量不同类型的交流活动，这样幼儿才能有更多的机会通过别人能理解的方式表达自己的思想。为了帮助幼儿学会表达自己的想法，教师需要做的是不给他们提供封闭的“正确”答案。当教师为幼儿提供描述、解释和讨论的机会越多，他们的交流能力就会发展得越好。

第三节 核心概念与关键经验

科学领域的内容十分广泛，这一方面导致在幼儿园课程实践中科学教育有丰富多样的活动可以开展，另一方面也让教育工作者对到底该选择哪些领域的活动才能更好地进行科学启蒙感到困惑。从国际科学教育的经验和趋势来看，基本的共识是科学教育应该少而精，围绕核心概念进行深度学习。核心概念能够串联起幼儿科学学习的主线，使各个层次和各个方面的知识有机地联系起来，既避免了知识的冗杂，又凸显出重要的内容。本节将从生命科学、物质科学、地球与空间科学以及科学技术四大领域出发，介绍不同领域的核心概念和关键经验。

一、生命科学

幼儿周围的生物对他们有着天然的吸引力。对于幼儿来说，生命科学通过引发他们近距离和经常性地系统观察植物、动物，甚至人类自身，激发并保持好奇心。它引导着幼儿开始思考有关生物的各种问题——它们看起来像什么？它们怎样生存？它们怎样变化？正因如此，生命科学活动方案聚焦在生物的特征和生物如何在自然环境中生存两个方面；同时，也鼓励幼儿以关心及尊重的态度对待所有的生物和它们的生活环境。

（一）生物的身体特征

植物和动物的身体特征包括颜色、形状与结构，以及不同的组成部分。当幼儿仔细地观察植物和动物时，他们会开始思考并谈论植物和动物的不同组成部分在满足其自身需要中起着怎样的作用，以及这些部分是怎样影响动物的行为的。例如，蚯蚓的外形特征有助于它挖掘钻入泥土的隧道，兔子的长腿有助于它的跳跃，松鼠的长尾巴有助于它在穿越树枝时保持平衡，植物的根使其保持直立向上并获得水分，蜗牛的触角则有助于它识途认路。

幼儿的关注点通常聚焦在生物的一个或两个突出的特征上。例如，一个幼儿关于叶子的观察画作可能聚焦在它的形状上，而另一个幼儿的观察画作可能更多地聚焦在叶子鲜艳的颜色而不是它的形状上。教师可以要求幼儿更加细致地描述一种生物或比较两种或更多种生物的相似性与不同点，也可以鼓励幼儿观察某一主要特征并用自己的方式来描述、表达。

表 4-1 中列出了不同年龄段幼儿关于生物的身体特征的关键经验。

表 4-1　　不同年龄段幼儿关于生物的身体特征的关键经验

3～4 岁	4～5 岁	5～6 岁
(1) 辨别各种动物和植物的基本外显特征（如颜色、大小和形状）。 (2) 知道生物是由不同的部分组成的（如植物有根、茎、叶子）。 (3) 认识人体的外部特征及各部位的作用（例如，嘴巴吃东西、耳朵听声音）。	(1) 辨别和比较动物和植物的特征（除了颜色、大小和形状之外的特征）。 (2) 知道生物的不同组成部分对生物有不同的作用（例如兔子的长腿有助于其跳跃）。 (3) 开始理解植物也是生物，而一些会动的东西不是生物（例如，玩具小汽车是没有生命的）。	(1) 能理解生物的结构和功能之间的关系（如植物的根的作用）。 (2) 开始理解人体内部（例如，跑动的时候心脏跳动得更快，大脑是用来思考的，肌肉帮助自己扔球）。 (3) 比较两种或者更多种生物的相似性与不同点。 (4) 能区分生物和非生物。

资料来源：张俊．幼儿园科学领域教育精要：关键经验与活动指导．北京：教育科学出版社，2015：82-83.

（二）生物的基本需求

所有的生物都有基本的需求，以满足它们的生长、发展和生存的需要。大多数动物需要食物、水、空气以及安全的住所。大多数植物需要光和水，也需要空气，但它们不像动物那样吃食物，相反，它们能够制造动物的食物。生物满足其需求的方式有着巨大的差异。如表 4-2 所示，通过研究和比较几种植物和动物的需求，幼儿开始能够认识到某些需求属于基本需求，他们还能够看出生物之间的相似性和差异性。例如：某些种类的植物与另外一些植物相比，需要更多的水和更少的光。不同种类的动物需要不同种类的食物和住所，幼儿还可以发现，如果植物和动物的需求得不到满足，它们就会死去。

表 4-2　　不同年龄段幼儿关于生物的基本需求的关键经验

3～4 岁	4～5 岁	5～6 岁
(1) 知道生物有各种需要。	(1) 开始理解所有动物需要食物、水和居所。 (2) 知道植物需要水、光线和土壤。 (3) 了解动物和植物的需求需要得到满足，否则就会死去。	(1) 知道有些需求对所有的动植物都是基本的。 (2) 理解满足各种植物和动物的基本需要的不同方法。 (3) 初步了解人对环境的需要（如食物、空气和水）。

资料来源：张俊．幼儿园科学领域教育精要：关键经验与活动指导．北京：教育科学出版社，2015：84.

幼儿会认识到，动物有生活需求而且需要被照顾，但在这个年龄阶段，他们缺少实际照料动物的经验，而且正处于以自我为中心的认知发展阶段，他们倾向于认为动物的需求和他们自己的需求相似。例如：幼儿会说蜗牛需要一张床，兔子需要一个玩耍的地方，或者豚鼠需要它的爸爸妈妈。教师需要引导幼儿思考“想要”和“需求”之间的不同，对幼儿的已有观念进行挑战以促使其重新观察和思考什么是生物的基本需求。其他的方式还包括组织幼儿在户外观察中讨论动物的自然栖息地或为动物建造室内饲养所。

家里和教室里的窗台上通常养有植物，给它们浇水可能是幼儿很熟悉的活动。但是，如果向幼儿提出植物需求的问题，幼儿就会提议植物也需要食物并且设想植物会从土壤中获取食物。但是很多时候水中种植的植物也能健康地成长，这时通常能够引发有关植物如何真正获取食物等有趣的问题。

（三）简单的行为

动物是通过生活在特定的场所、以特定的行为方式来满足其需要的。运动的能力对动物来说非常重要，并且与其住所和身体的形状相关联。当幼儿在自然环境和教室里仔细观察动物时，他们能看到动物的诸多行为，诸如蚯蚓如何钻进泥土获取食物，潮虫受到惊吓时如何蜷起身体，蜘蛛如何织网以获取食物。植物不能到处移动，不能像动物那样行动，但它们能对其周围环境做出反应。幼儿可以做些简单的实验，看到植物将向有光的方向弯曲，或者，如果土壤不够肥沃，植物就会长得瘦高。

幼儿很可能已经听过许多故事，在故事中动物像人们那样行动，他们就会更倾向于将动物的行为解释得像他们自己。例如，幼儿会谈到蜘蛛在它们的网子上玩耍，或有关蚯蚓接吻的问题。教师可以帮助幼儿通过讨论和仔细观察来验证并发展这些观点。通过要求幼儿观察蜘蛛在网上干什么，教师可以鼓励幼儿反思他们的观察和明确自己的想法。

表 4-3 列出了不同年龄段幼儿关于生物简单行为的关键经验。

表 4-3　　不同年龄段幼儿关于生物简单行为的关键经验

3～4 岁	4～5 岁	5～6 岁
（1）知道生物有各种各样的行为（如觅食行为、自我保护行为等）。	（1）知道生物的行为具有差异性。 （2）知道生物依赖自己的行为去获取基本的需求。 （3）了解植物不能像动物那样到处移动，但是能对周围环境做出反应（如植物生长的向光性）。	（1）知道动物的运动与其所处的环境和自身的特征相关（例如，蚯蚓能够在泥土中钻来钻去）。 （2）初步了解生命体个体的行为会受到内部提示（如饥饿）和外部提示（如环境的变化）的影响。

资料来源：张俊．幼儿园科学领域教育精要：关键经验与活动指导．北京：教育科学出版社，2015：84-85．

（四）生命周期

所有的生物都会随着时间的推移而发生变化。有些变化非常缓慢，许多年才会显现，比如一棵树或一个大动物的生长。而有些变化比较快，几个星期就是一个过程，诸如秧苗的萌发、毛虫或蝌蚪的变形。还有一些变化非常迅速，像掉牙。生物的许多变化与生命周期相关联。动物和植物经历了出生、生长和发育、繁殖、死亡的过程。如表 4-4 所示，幼儿能够观察到生命周期中的一些阶段，而且，在有些情况下，能看到出现的变化。观察这些变化有助于扩展幼儿关于生命的观念。

幼儿所具有的关于生命周期不同阶段的观点依据的是他们自身从婴儿到幼儿的成长经验，或者他们与弟弟妹妹或宠物相处的经验。由于幼儿更关注当前的具体事件，时间知觉也不成熟，他们常常不会感知到不同生命阶段的周期或生命周期的普遍性。此外，他们常常把生命周期的不同阶段，诸如出生和死亡，看作不可思议的或不可预测的。在教室里，为幼儿提供机会，让他们看到几种生物的生命周期，能够丰富幼儿的经验和扩展幼儿的思维。例如：幼儿可以种豆子，照看它们，观察它们的生长和发展变化，收获豆子然后再种植，观察蝴蝶在几个星期内从幼虫到蝴蝶的变化过程，或在教室里的养殖器中观察蜗牛的繁殖。

表 4-4　　不同年龄段幼儿关于生物生命周期的关键经验

3～4 岁	4～5 岁	5～6 岁
(1) 知道动物和植物都会不断变化（例如，小兔子会长大）。 (2) 能将生物的特征与年龄建立联系（例如，老爷爷的头发是花白的）。	(1) 感知并描述部分生命周期。 (2) 发现动物和植物都经历了出生、生长和发育、繁殖、死亡的过程。 (3) 体会他们自己曾经是婴儿，将会长大。	(1) 感知不同生命体的周期长短和细节是不同的。 (2) 根据观察，感知和描述植物与动物的生命周期。 (3) 通过观察和比较，发现动物、植物和它们的亲代是非常相像的。 (4) 初步了解自己家庭成员涉及的关于人的生命周期的现象。

资料来源：张俊．幼儿园科学领域教育精要：关键经验与活动指导．北京：教育科学出版社，2015：86.

（五）变化和多样性

生物有很多种类。即使是在一个很小的区域，通常都生活着各种各样的小虫、小哺乳动物、树木、灌木和小型植物。如表 4-5 所示，幼儿开始能够根据生物的相似性将其分类。教师可以引导幼儿将生物分成比较大的类别，诸如植物和动物；也可以分成更加具体的类别，诸如树木、灌木和小型植物，生活在地里面的动物、生活在地面上的动物、离开地面生活的动物；还可以分为有叶子的植物和没有叶子的植物，有多条腿的动物和有两条腿、四条腿或六条腿的动物，有皮毛的动物和没有皮毛的动物。分类活动能够帮助幼儿关注生物的许多身体特征，并且为幼儿将来理解生物的科学分类打下基础。

但是幼儿有组织地建构和分类的能力仍然有限。他们的标准通常是依据其有关周围生物的经验和生物的一些形象的特征。他们常常依据不科学的标准发明自己的分类方法，诸如他们喜欢的和不喜欢的植物，高的和矮的植物。尽管这些类别是不科学的，但幼儿正在发展着其分类技能。对于教师来说，重要的是接受这个过程并通过提问和幼儿进行讨论，诸如：“这组有什么特别的呢？”“这组和那组有哪些不同呢？”“这些动物去哪里？为什么？”

表 4-5 不同年龄段幼儿关于生物变化和多样性的关键经验

3～4 岁	4～5 岁	5～6 岁
(1) 感知周围的动植物是多种多样的。 (2) 开始理解在相似的环境中，可以找到相似的生物（例如，根据已有的经验或观察，期望在池塘里找到青蛙、鱼或者水草）。 (3) 对生物进行基本的比较（如哪个更高、更快等）。	(1) 感知和体会自然界中的生物是多种多样、千差万别的。 (2) 观察生物之间的相同点、不同点。 (3) 尝试对不同物种或同一物种进行概括（例如，大多数植物有绿叶，燕子、海鸥和鹦鹉都是鸟）。	(1) 根据生物的相似性和差异性将其分类。 (2) 感受不同植物和动物的多样性和变化（例如，不同植物的叶子有不同的形状）。 (3) 观察和了解同一种生物也具有细微的差别（例如，同一棵树的两片叶子不是完全相同的）。

资料来源：张俊. 幼儿园科学领域教育精要：关键经验与活动指导. 北京：教育科学出版社，2015：87.

当幼儿通过描述和表现来更仔细地关注生物时，他们开始认识到更细微的差别并欣赏周围生物的多样性。更仔细地观察同种生物能够更突出多样性和变化性的存在。如果幼儿比较一棵树上的叶子，就能够看出叶子可能有相同的形状，但由于它们在树上所处的位置不同而大小不同。如果幼儿关注自己和班里的同伴，就能够看出班里的每一个孩子看起来都不同，但所有的孩子又有许多相似之处。

（六）生物与环境的相互关系

如表 4-6 所示，通过对生物的观察，幼儿开始能够思考生物是如何依赖其他生物和非生物来满足自身的一些需求的。例如：松鼠需要居住在树上，并且吃树上生长的坚果；当蚯蚓在泥土里打道和钻洞时，植物会长得更好；许多动物都吃特定的植物。生物也依赖于特定的环境条件，诸如需要有水喝，需要安全的地方藏身。当幼儿更深入地思考生物及其需求时，他们开始理解如果人类过分扰乱环境，一些生物就不能满足自身需要，就要迁徙或死亡。

表 4-6 不同年龄段幼儿关于生物与环境关系的关键经验

3～4 岁	4～5 岁	5～6 岁
(1) 发现动物与植物需要环境中的水、空气和光才能得以生存。 (2) 感受动植物与人们的生活是相关的。	(1) 体会生物要依赖其他生物和非生物来满足自身的需求。 (2) 开始思考生物、生物的需要及其生活环境之间的关系。	(1) 感知和体会生物会引起它们所生存环境的变化（例如，植树改善沙尘环境）。 (2) 体会环境的性质对生物行为模式的影响。 (3) 初步感知动物的生存离不开植物。 (4) 运用个人对生命需要的理解，为动植物设计生存环境（如种植植物）。 (5) 初步感知和理解动植物的外形特征、习性与生存环境是相互适应的。 (6) 感知和体验人类的生存依赖于自然环境和人为环境。

资料来源：张俊. 幼儿园科学领域教育精要：关键经验与活动指导. 北京：教育科学出版社，2015：88.

（七）人

尽管要让幼儿认识到人也是动物需要花费较长的时间，但幼儿在仔细观察生物时，还是能够注意到他们自己和动物的许多相似之处的。通过讨论和调查，幼儿开始能够理解一些比较复杂的观念：所有人都有基本的相似性，但是每个人又都是独特的；人类的身体是由不同的部分组成的，而且每一部分都发挥着特定的作用；感官对于获取有关周围世界的信息非常重要。

教师可以帮助幼儿关注人的显著特征，人和人之间有什么相同之处，又有什么不同。通过鼓励幼儿把人的这些特征与其他动物的那些特征相比较，幼儿开始注意到人和动物的相似性和差异性。同时，幼儿开始认识人与其他动物所共有的对食物、水、空气和住所的需求，并且能够考虑如何通过多种方式来满足这些需求。幼儿还可能对人的身体里面有什么——内部的器官、血液和骨头——以及身体是如何运作的产生兴趣。这能够引发有趣的讨论，但是由于身体系统的复杂性和无法被看见的事实，幼儿很难深入地探究这些观点。

二、物质科学

对幼儿来说，物质科学活动是他们对物质与材料以及对日常生活的周围环境中的非生命物质的直接探究。他们探究范围的重点包括物体的物质组成、力与物体的移动、水和其他液体、光与影子、声音等。物理学家和成人能够将这些现象用基本原理（如物质的独特本质）、定律（如牛顿万有引力定律）和基本概念（如能量）等联系起来进行思考。但是对幼儿来讲，这些现象之间是完全分散的，他们对物质科学的探究重要的是趣味性以及适度的挑战性。对基本原理、定律和基本概念的学习可以留到以后的学校教育中去进行。

在幼儿园里，物质科学活动常常被忽略了。原因主要是教师对由自己组织这方面的活动很不自信，而且他们常常认为这方面的内容对他们和幼儿来说都过于复杂。但实际上，幼儿无时无刻不在进行对物体、材料与周围环境的探究，物质科学活动可以成为幼儿大量的科学探究活动的重点之一。

探究在物质科学中起着非常重要的作用。相对于有生命的物质来说，人们对于非生命物质和材料是可以遵循一定的规律进行探究的。幼儿可以用不同的方式操作非生命物质与材料，观察它们到底发生了什么变化。此外，他们可以重复操作以便看看相同的物质材料是否每次都会发生同样的变化。幼儿还可以进行简单的实验来收集数据，得出结论，提出新的问题、假设和原理。在幼儿园班级里，如果给幼儿提供精心准备的材料、足够的时间和自由的空间，他们就可以就很多内容根据自己的想法与方式进行独立的探究。

物质科学活动也是培养幼儿理解分享、争论和证据的作用的一种很好的方式。例如：一个幼儿说当她把木偶移近屏幕时，木偶的影子会变得越来越大，但是另一个幼儿却说会变得越来越小，这时候教师可以鼓励他们进行讨论，并且教师还可以强调，只有通过重复一次实验来找到证据，才能知道到底发生了什么变化。

物质科学领域的探究内容涵盖了物质世界的许多方面，我们将其分为三个部分：物质与材料的特性，物体的位置与运动，声音光、电、磁的特性。

（一）物质与材料的特性

了解物质与材料的特性是幼儿今后学习物质的特性及其变化的基础，在更高层次的学习中，幼儿将会理解各种物理条件是决定物质如何变化、以何种形式存在的关键。但是对幼儿来说，固体和液体是截然不同的，因此，我们将物质与材料的特性分为两个方面来探讨——固体的特性和液体的特性。

1. 固体的特性

我们的世界由各种各样的物质组成。我们应该鼓励幼儿运用他们的感官感受和描述他们周围物体的特性，包括这些物体的颜色、大小、形状、轻重、质地、软硬、弹性等各方面的特性。在有些情况下，幼儿可以通过一些物质自身的特性如轻重、形状和大小，来区分不同的物体；而在另一些情况下，幼儿可以通过构成物体的物质的独特特性，如软硬、颜色或者质地来区分不同的物体。幼儿还可以运用一些简单的工具，如天平或者卡尺去测量物体的某些特性，如轻重和大小。

当幼儿操作物体时，他们就知道了物体是怎样运动的，物体是怎样下落的，或者物体是否能被叠放起来。他们还可以注意到有些特性会影响物体的运动，比如说轻敲物体的时候，物体会移动或者发出声音。幼儿还可能会改变物体，如把一块黏土压扁或者把纸撕成不同的形状。当把材料混合在一起、加热或者仅仅放置一段时间，材料也可能以独特的方式发生变化。

教师可以结合物质科学领域正在进行的一些探究活动，创造机会去拓宽和深化幼儿对物质以及材料特性的意识能力，这比独立开展对物质和材料的探究活动要好。例如：当幼儿用许多不同的球探究“运动”这一概念的时候，教师可以提出“你们正在滚动的球彼此有哪些不同的地方?”“球是用什么材料制成的?”“哪种球最容易滚起来?”“哪种球最容易拍起来?”等类似的问题。这些问题可以帮助幼儿关注并探讨物质与材料的重要特征，并且还暗示了他们可以采取怎样的操作行为。在这种情况下，幼儿可能注意到有些球可以拍得很高或者滚得很远。如果幼儿对球在每种情况下的特性都加以关注和描述，他们就可能得出结论并且做出预测。

幼儿对生命与地球科学的探究也可以使他们有机会关注到物质和材料的特性：对植物的探究可能包括对叶子的特性的描述，对地球材料的探究可能引发对沙子和沙砾之间不同特性的比较……幼儿还可以通过教室里各个区域的活动来探究材料的属性和特征。如在美工区里，有很多用于拼贴画和粘贴画的材料，也可以成为用来探讨不同材料之间的特性的丰富资源，并且可以引出类似“哪个最光滑?”“砂纸摸起来感觉如何?”等问题。同样，成人和幼儿一起进行烹调活动，可以有机会和他们讨论当食物被搅动或者烧烤时他们发现了什么。

2. 液体的特性

幼儿有很多接触不同液体的经验。他们可以很容易地意识到不同的液体，如水、牛奶和苹果汁，在颜色、浓度和味道上都有所不同，而且还可能感觉到了所有液体都有一些相似的特性。水是大部分幼儿每天都接触的，他们经常洗澡、喝水或者跳进水坑玩水。在玩水区，幼儿可以开展对水的探究活动并且了解一些液体的基本特性：液体可以流动和形成水滴；液体总是往下流，除非有外界的动力促使它们上升；液体的形状取决于装液体容器的形状；有些物体可以漂浮在液体中，而有些物体则会沉下去。在与水的接触过程中，幼儿还会发现：如果将水放在一个很冷的地方，水会变成冰；如果将冰拿到一个温暖的地方，冰又会变回水；天气热的时候，水还可以很快消失。

就幼儿关于水具有的普遍性的经验而言，许多幼儿可能已经有了一些关于在特定的循环环境下的因果关系的认识。例如，他们看到物体漂浮在水中并且相信只有很轻的物体才可以漂浮，但这个年龄段的幼儿还不能理解浮力和密度等复杂的概念。他们还可能指出，当天气变冷时，水会结成冰，但是他们不可能解释这是怎么回事。还有对一些现象比如蒸发，他们可能会给出更有趣的解释或者天真的理论。例如，他们可能认为放在一个碟子里面的水之所以不见了是因为碟子把水吸收了，挂在绳子上的衣服干了是因为所有的水都流下来了，水坑里的水消失了是因为水通过一些看不见的管道流到云朵里面去了。

有很多方法可以给幼儿提供探究水的机会，因此他们有很多接触水的经验。教室里的水池和其他活动区都可以成为幼儿开展水的探究活动的场所。试管和水槽引发了幼儿对探究水的流动的兴趣，不同大小的容器可以让幼儿做装水和倒水的实验，小点滴器可以让幼儿做水滴的实验，在一个装满水的容器里尝试物体能否漂浮起来可以让幼儿对浮力和密度有所认识。幼儿对水的探究还可以延伸到户外，在户外，幼儿可以探究地球科学的概念，比如一场暴雨过后哪里会形成水坑，水流是怎么把地表冲出水槽和小水沟的。

表 4－7 列出了不同年龄段幼儿关于物质与材料的特性的关键经验。

表 4－7　　不同年龄段幼儿关于物质与材料的特性的关键经验

3～4 岁	4～5 岁	5～6 岁
（1）感知物质和材料具有软硬、光滑和粗糙等特性。 （2）在操作中发现液体会流动。 （3）感知液体的颜色、味道不同。 （4）尝试将不同的液体进行混合。	（1）根据物体的特性区分物体。 （2）发现物体的性质会影响其运动（例如，圆的球会滚动）。 （3）发现材料的性质会发生改变（例如，将红色和黄色颜料混合变成了橘黄色）。 （4）了解物体的特性是可以测量的。 （5）认识到液体总是向下流淌。 （6）感知和体验材料具有溶解、传热等性质或用途。	（1）感知物体的结构与功能之间存在的关系（如加热、冷冻、混合、折弯）。 （2）发现材料的特性可以通过某种途径进行改变。 （3）发现不同材料的特性通过不同的方式可以进行改变。 （4）发现材料有不同的存在状态：固态、液态和气态（如水的三态变化）。 （5）使用简单的工具对物体的性质进行测试和比较（如大小、重量、温度等）。

资料来源：张俊. 幼儿园科学领域教育精要：关键经验与活动指导. 北京：教育科学出版社，2015：90.

拓展阅读

案例——喷雾彩虹

材料：一大张白纸或者白色床单；红色、蓝色、黄色的食用色素；喷雾瓶；水。

活动简述：在该活动中，幼儿可以在很大的表面上进行颜色混合的实验，可以把很大的布或纸挂在室外墙上或栅栏上。当幼儿在表面喷洒带有食用色素的水时，他们会创造出新的颜色，如果背景材料的吸水性不错，幼儿可以观察水的流动。虽然该活动可以使用画纸，但布的效果更好，因为布吸收水分的能力更强。

该活动让幼儿除了可以了解三原色的色彩理论，还可以观察到“毛细现象”，也就是液体克服重力流向并占据纤维之间狭小空隙的能力，幼儿会注意到颜色从彩色水最初聚集的地方向四周扩散。

（二）物体的位置与运动

幼儿对物体是如何运动的、怎样让物体运动起来、什么东西可以让物体运动以及什么时候物体会运动等都非常感兴趣。幼儿凭自己的经验，已经开始形成了一种认识（如表4-8所示）：没有生命的物质自己不会运动，需要推、拉、下落等动作促使它们运动或者改变运动的方向；人们可以通过推、拉使物体运动，使用电动机和发动机也可以使物体运动；另外，从高处或山坡下落也可以使物体产生运动；同样地，物体的运动也可以被阻止。障碍物可以阻止一个从斜坡上滚下来的球继续滚动，平衡积木可以阻止建筑物倒塌下来，粗糙的平面可以让旋转的玩具卡车停下来。通过自己的探究活动，幼儿可以描述出物体在什么位置，它们是怎样运动的，以及物体从一个地方到另一个地方的运动轨迹。幼儿还可以用不同的方式使物体运动，并且弄清楚影响这个物体运动的具体因素有哪些，比如施加在物体上的推力或拉力的类型，物体的形状，构成物体的材料是什么，物体运动所在的平面的性质等。

在探究物体的运动时，幼儿也获得了关于重力的体验。他们可以观察到一些东西从倾斜的平面上滑落下来，不同的物体从不同的平面上以不同的角度滑落或者滚下来，一个建筑物只有获得了平衡性和稳定性才不会倒塌。

幼儿在很小的时候就会对物体的运动感兴趣。蹒跚学步的小孩最喜欢玩的游戏之一就是把婴儿床边缘的玩具扔到地上，让周围的成人不断地去捡起来。幼儿时期的其他游戏包括推、拉、投掷玩具，或者搭建积木然后又推倒，都体现了幼儿对物体的运动的兴趣。当幼儿在日常生活中看见树叶在风中摇曳、气球在空气中飘浮、汽车在奔驰的时候，他们其实就是在感受物体的运动。通过这些经验，幼儿就可能建立起自己的关于物体“为什么会运动以及如何运动”的有趣的理论。

在幼儿园的一日生活中，教师有很多机会可以将幼儿的注意力吸引到物体的运动上来。户外游戏中有很多东西可供幼儿移动，比如球类、小三轮车、踏板车和秋千，建构区里有各种形状的积木和材料，比如长条形的积木、筒形的厚纸板、绝缘导管以及各种可以滚动的东西，这些都可供幼儿探究物体的运动。一个材料丰富的建构区还可以让幼儿体验各种挑战，比如："怎样才能使我们搭建的物体不倒塌？""采取一些什么策略才能使我们搭建得又高又宽？"装有发动机和发条的玩具可以把幼儿对运动的探究提高到一种更为复杂的水平，幼儿对"什么使物体运动起来"的讨论可以进一步扩展其对生物与非生物的认识。对于幼儿来说，物体如何在空气中运动这个科学问题过于深奥，但是可以通过制作和使用风筝、彩色纸条、滑翔机以及降落伞等来帮助他们理解。他们可以描述发生了什么事情，设计不同形状的东西进行实验，并且思考物体的运动与物体的大小、形状以及制作材料之间的关系。

表 4-8　　不同年龄段幼儿关于物体的位置与运动的关键经验

3～4 岁	4～5 岁	5～6 岁
(1) 感知没有生命的物体自己不会动，需要依靠推、拉、扔或其他作用于它的动作才会动。 (2) 初步感知和体会推或者拉的动作可以改变物体的位置和运动状况。 (3) 感知不同的物体放在水里，会产生不同的结果。	(1) 发现物体的形态或位置会发生变化。 (2) 尝试采用不同的方式让物体运动。 (3) 感知和体会物体的运动可以被阻止。 (4) 发现在不同光滑程度的平面上，物体运动的快慢会不同。	(1) 感知物体有多种运动方式（如直线运动、圆周运动）。 (2) 发现物体的运动方式是可以被改变的。 (3) 发现影响物体运动的因素有多种。 (4) 感知物体的运动状态会随着外界条件的改变而发生变化（例如，改变斜坡，让球滚得更远）。 (5) 探索各种机械，发现机械的作用。 (6) 进一步探索各种力的现象（如浮力、摩擦力、弹力等）。

资料来源：张俊. 幼儿园科学领域教育精要：关键经验与活动指导. 北京：教育科学出版社，2015：91-92.

（三）声音、光、电、磁的特性

在物质科学领域，光和声音是有联系的，它们都是能量的形式。幼儿对光和声音都很熟悉，但是他们会认为这是完全不同的现象，虽然在以后的学习中幼儿会逐渐理解光和声音的本质，但是，探究光和影子、制造并描述声音以及找出它们之间的关系，都是幼儿感兴趣的探究活动。

1. *声音*

幼儿从日常接触声音的经验中，知道了不同的声音具有不同的特性。声音可以是高的或者低沉的（音调），也可以是尖的或者温和的（音质）。在进行探究声音的活动的时候，幼儿可以分辨出某种特定的声音，并且逐渐认识到声音的类型依赖于发出声音的物体。在某些情况下，他们可能看到或者感觉到发出声音的物体（例如，吉他上的弦）前后来回地动，这可以为他们理解震动在发声中的重要作用打下基础。

在幼儿的日常生活中，声音无处不在。他们会听到各种来自不同声源的声音，同时也会自己制造声音。他们歌唱、说话、大叫和大笑。他们用各种玩具制造声音，他们一起敲打各种盖子制造声音，一起摇铃、拍鼓制造声音，或者用他们能得到的任何物体制造声音。但是，很显然有些声音与声源是分离的。CD机和录音机里面的音乐声是幼儿教室中常有的声音，空调和供暖器发出的声音也常常成为教室里的背景噪声，各种汽车发出的声音也会成为声音污染。为了促进幼儿对声音更为深刻和广泛的体验，应该给他们提供更多的制造和探究声音的机会，让他们对声音的来源以及声音的特性做进一步的探究。

当幼儿在学习有关声音的知识的时候，他们会认真地听，尽力描述他们所听到的声音，并且分辨是什么物体发出的声音。例如：幼儿可以在隔壁听一种声音，然后尝试找出是什么物体发出的声音，教师可以用录音机放出各种神秘的声音，然后让幼儿描述和辨别是什么声音，或者在教师的支持和引导下，幼儿用自制的乐器组成一个“乐队”。幼儿可能关注到了鼓膜、琴弦或者橡皮筋被撞击时的震动，但这不是他们探究的重点。幼儿探究的重点是不同物体发出的声音的类型，以及如何控制声音的音量，有时甚至是控制声音的音调。引导性的讨论有助于幼儿描述声音，也有助于他们发现声音和发出声音的物体之间的关系，并且提出自己的看法。

2. 光

幼儿不缺乏有关光明和黑暗的经验，并且他们知道是光让他们能够看到东西的。通过新的体验活动，幼儿可以关注到光的不同来源，光的明暗度取决于光源的强弱以及光源的距离。幼儿还开始意识到光可以形成影子，影子的大小和形状取决于物体及光源的位置。

在小的时候，幼儿可能一直相信他们看到的物体是能够自己发光的。许多幼儿相信他们的影子和他们是分离的，有的时候影子会令人恐惧地跟着他们移动。在室内及室外进行的有关光和影子的各种各样的活动所积累的经验将为幼儿以后的学习奠定基础，他们在以后将会学习到更抽象的概念和知识，如光是一种能量，光是如何传播的，光是怎样被吸收的，光是如何反射以及折射的，等等。

对光和影子所进行的探究活动有助于幼儿对光产生新的认识与理解。例如，幼儿可以在一天中的不同时间点把自己投射到地面上的影子画出来，然后比较不同时间点的影子有什么变化。在一个光线很暗的房间里打开手电筒，可以激发幼儿思考光源的位置和方向与房间不同位置的明暗程度之间的关系。把彩色的胶片放在光源前面或者透过彩色胶片看东西，会让整个世界变成彩色。一个光源、一个物体、一个简单的屏幕就可以让幼儿进行投射物体影子的活动，这给幼儿提供了关注影子的大小与物体和光源的距离之间关系的机会。

3. 电和磁的特性

电是一种自然现象，是一种能量。自然界的闪电就是电的一种现象。随着科技的发展，电在我们生活中的作用也越来越大。幼儿的生活也离不开和电有关的各种物品，如家用电器、电动玩具等。我们不能因为电有危险就禁止幼儿接触和探索有关电的现象，相反要进行适当的有关电的常识性教育，使其了解电的作用和危险。这样既满足了幼儿的好奇心，又预防了事故。

磁性是物质响应磁场作用的属性。神奇的磁现象对幼儿有着极大的吸引力，幼儿对磁铁等磁性材料的摆弄过程能够激发和满足其科学探究的好奇心。

表 4－9 列出了不同年龄段幼儿关于声音、光、电、磁的特性的关键经验。

表 4－9　　不同年龄段幼儿关于声音、光、电、磁的特性的关键经验

3～4 岁	4～5 岁	5～6 岁
(1) 感知自然界各种不同的声音。 (2) 了解不同的声音代表不同的意义。 (3) 感知不同的物体会发出不同的声音。 (4) 感知光有明暗（亮度）。 (5) 发现光有不同的来源。 (6) 发现光能够产生影子。 (7) 感知磁铁能够吸铁。	(1) 感知声音的不同特性。 (2) 尝试改变声音的特征（如让鼓更响）。 (3) 探索各种能让物体产生声音的方法。 (4) 感知声音可以通过物体传播。 (5) 探索光和影子的关系。 (6) 尝试改变影子的特征（如让影子更长）。 (7) 感知静电现象。 (8) 感知磁铁之间具有相互作用。	(1) 发现声音的特征（如音量、音调）与声音的来源有关。 (2) 感知噪声的产生及危害。 (3) 感知光的亮度取决于光源的强度和光源的距离。 (4) 发现影子的大小和形状与物体、屏幕和光源的位置有关。 (5) 体验光对生活的重要性。 (6) 感知简单的电路。 (7) 感知电器在日常生活中的用途。 (8) 尝试使用常见的电子产品。 (9) 感知磁铁可以相互吸引或者互相排斥，也可以吸引或排斥某些其他材料。 (10) 体验磁铁在生活中有广泛的应用。

资料来源：张俊．幼儿园科学领域教育精要：关键经验与活动指导．北京：教育科学出版社，2015：93-94.

三、地球与空间科学

从很多方面来说，地球与空间科学是科学学科中最复杂的。为了理解地球的结构及其历史、气候和气象学、太阳系和宇宙，需要理解有关生命和物质科学的许多概念。此外，探究地球与空间科学的概念就意味着要在较长的时间跨度、肉眼不可见的力、遥远的空间等层面上进行思考。诸如星球构造、岩石圈与水循环圈、进化和宇宙的起源等，这些复杂概念肯定是不属于幼儿科学教育范围的。但是，幼儿又的确会直接地接触到地球与空间科学，并能够进行许多方面的探索与思考。无论他们生活在什么地方，都会有可探索的地球物质，比如：岩石、沙子和土壤；水流淌在溪流、江河、湖泊和海洋中，雨水落到地面，小水坑形成和消失，物体被水冲走；幼儿经历着昼夜的变化、天气的变幻和季节的交替，他们会看到太阳和月亮在天空中运动。由于幼儿的这些日常经历，地球与空间科学在幼儿科学教育中应该占有一席之地。

对地球与空间科学进行探究的方法在很大程度上取决于要探究的主题。探究天气与月亮形状的变化或探究太阳在天空的运行，需要通过系统的观察和数据记录进行。在幼儿班里常见的日常天气记录表，就是优秀的系统记录的例子，即使是幼儿也能在随时间而发生的数据变化中发现规律。对岩石的探究需要密切地观察、比较和分类，还要对不同种类的沙子和土壤进行检验。密切地观察周围环境中的水，可能会引发对“水倒进沙箱或倒在操场上的小水坝里会发生什么现象”的直接探究。

正如生命科学一样，探究地球与空间科学将促进重要的科学态度和科学行为的启蒙。当幼儿越来越熟悉他们周围的环境并观察到了所发生的变化时，可能会更加关注周围世界，形成对世界的积极态度，并且意识到他们负有爱护环境的责任。通过亲身经历，幼儿可能会思考周围环境中的地球物质、环境所发生的变化，包括天气、昼夜、操场上的水、太阳和月亮运行变化的规律。这些经验给幼儿提供了理解地球体系、地球的历史和地球在太阳系中的位置这些更抽象的概念的基础。

对地球与空间科学概念的多方面探索，是幼儿探究生命科学与物质科学等方面的自然扩展。我们从反映幼儿学习经验的角度，把地球与空间科学的内容分为四部分：地球物质的性质，天气和气候，太阳和月亮运行变化的规律以及地球与人类活动。

（一）地球物质的性质

幼儿从身边的环境中熟悉地球物质，尤其是围绕在他们身边的土壤、沙子和岩石。如果他们更密切地观察这些物质，就能发现这些物质的特性。如表 4－10 所示，幼儿会注意在什么地方发现了什么，会好奇它们怎么到这里的。通过这些亲身探究，幼儿开始关注到土壤是由不同的物质组成的，并且不同种类的土壤有着不同的特性。通过收集和检验岩石，幼儿开始注意到它们是以多种形状和大小、不同的颜色和纹理存在着的。

表 4－10　　不同年龄段幼儿关于地球物质的性质的关键经验

3～4 岁	4～5 岁	5～6 岁
（1）知道地球上有很多物质，包括岩石、土壤、水分、大气等。 （2）认识到我们周围有空气，空气是看不见、摸不着的。 （3）了解沙、石、土、水的基本特征（如土壤的颜色、软硬等）。	（1）能够描述沙、石、土、水、空气的类型和特点（例如，水是透明的、可以流动的）。 （2）知道地球物质具有不同的用途（例如，石头可以用来建造房子）。	（1）理解沙、石、土、水具有不同的种类，不同种类的特性存在差异（例如，岩石的形状、软硬、纹理不同）。 （2）初步理解地球物质对于人和动物、植物生存的重要性（例如，水和空气对生命的意义）。

资料来源：张俊．幼儿园科学领域教育精要：关键经验与活动指导．北京：教育科学出版社，2015：95.

对地球物质特性的探究可以和对生命科学、物质科学的学习相结合。例如，在日常玩沙、玩水的游戏活动中，幼儿能够了解沙子的特点，感受水的无色、无味、透明的特性，探索一些和水有关的物理现象。在感知和探究的基础上进一步了解沙、石、土在日常生活中的用处。通过讨论交流认识到土壤和动物、植物乃至和人类的关系，认识到水对于生命的重要性，知道要珍惜土壤，保护水资源。教师要通过具体的活动，拓展幼儿的经验。例如，对于看不见、摸不着的空气，可以引导幼儿通过探索空气的流动、充气时空气会产生压力等和空气有关的现象，以及空气污染的现象来增强对空气的感性体验。

（二）天气和气候

在班级中记录天气是一项孩子们熟悉的活动。这不仅是一项简单的日常科学活动，更提供了机会让幼儿去认识天气及其变化规律。在收集数据、记录图表时，幼儿将在问题的引导下讨论天气规律和季节变化。比如，上个星期，有多少天是多云天气？9月份有多少天下雨？下第一场雪是在哪天？和上个月相比，这个月的晴天更多吗？什么时候天气开始变得很冷？

幼儿还能探索天气和气候对自己的影响，并能在周围环境中探索由天气与季节引起的短期或长期的变化。下雨或刮风时，他们能关注并记录下天气随时发生的变化。

天气也会成为幼儿在生命与物质科学领域探究的内容。当幼儿探究环境中的生命体时，教师可以强调天气所起的作用。比如，只要是在建筑物的屋顶下雨水淋不到的地方，植物就不会生长。如果雨水过多，淹死的蚯蚓就会出现在道路旁。当天气开始转冷时，人们不会再在户外发现潮虫。当幼儿探究水时，教师可以把他们的探究与雨联系起来：雨是怎样落下来的，雨水会流到哪里去，雨水是怎样流动的。

表4-11列出了不同年龄段幼儿关于天气和气候的关键经验。

表4-11　不同年龄段幼儿关于天气和气候的关键经验

3～4岁	4～5岁	5～6岁
(1) 感知各种天气现象（如阴、雨、晴）。 (2) 感知和体会天气是会变化的。 (3) 体验常见的天气、气温的变化（如下雪天寒冷、晴天温暖）。 (4) 学习使用常见的表示天气的词汇（如雨、雪、晴）。	(1) 感知各种天气现象及其特点（如不同天气时的云的形态）。 (2) 了解四季的名称。 (3) 感知季节是不断变化的。 (4) 发现不同季节有各自的特点。 (5) 感知各个季节的典型特征（如秋天叶子落了）。 (6) 体验和发现周围的环境在每个季节的变化。 (7) 感知和体验不同季节的有特色的天气状况（如春天的风、夏天的雨、冬天的雪等）。 (8) 发现季节对动物、植物和人的影响。	(1) 感知每天的天气都会变化。 (2) 感知天气模式随着季节变化。 (3) 体验四季的变化顺序。 (4) 体验季节变化的周期性。 (5) 知道天气可以通过相关测定的量来表示（如温度、风速、风向等）。 (6) 初步体会和了解不同季节与动物、植物的关系。 (7) 初步感知和理解季节变化与人类生活的关系。

资料来源：张俊．幼儿园科学领域教育精要：关键经验与活动指导．北京：教育科学出版社，2015：96-97.

（三）太阳和月亮运行变化的规律

对于幼儿来说，他们已经知道月亮和太阳是存在于天空中的，也意识到它们并不总是固定在同一个位置。但是他们可能没有注意到某些更细微的变化。比如：我们在夜里会看见月亮，有时在白天也会看见月亮；随着时间的推移，月亮的形状从满月逐渐变为大半圆、半圆、月牙等；月亮有时看起来很大，有时看起来又很小。再说太阳，它在白天高挂天空，并在天空中运行，到晚上就看不见了。当教师鼓励幼儿更密切地观察月亮和太阳并定期记录它们的变化时，幼儿就会注意到它们运行和变化的规律，甚至会预想在不同的时间它们会呈现出的状态。前面所提到的地球与空间科学概念，在幼儿探究其他科学领域时会得到强化。在户外探究生命体或进行园地种植时，了解某一特定位置的日照时间很重要，这会使幼儿开始关注一天里太阳在不同地方、不同时间的光照情况，一年里不同时期日照的时间变化量。

表 4－12 列出了不同年龄段关于太阳和月亮运行变化规律的关键经验。

表 4－12　　不同年龄段幼儿关于太阳和月亮运行变化的规律的关键经验

3～4 岁	4～5 岁	5～6 岁
(1) 认识到太阳和月亮存在于天空中。 (2) 知道太阳和月亮的位置是不断变化的。 (3) 知道和使用与天空特征有关的词汇（如太阳、月亮、星星、云）。	(1) 知道太阳和月亮每天都在运动。 (2) 了解月相是不断变化的（如月亮有时候是圆的，有时候是弯的）。	(1) 通过观察知道太阳和月亮的基本运动模式。 (2) 知道太阳提供了地球保持温度所需的光和热。

资料来源：张俊. 幼儿园科学领域教育精要：关键经验与活动指导. 北京：教育科学出版社，2015：97-98.

（四）地球与人类活动

地球是人类的家园，自从人类诞生以来，地球就与人类的活动息息相关。在漫长的发展时间里，地球本身经历了巨大的变化，缔造了巍峨的山脉、肥沃的平原、深蓝的大海。除了影响自然的演变外，地球的变化深刻地影响着人类的文明进程。随着人类文明的发展，特别是近代工业的发展，人类对自然环境的污染与破坏也深刻地影响了地球的生态系统。今天的人们已经认识到地球和人类的密切关系，需要担负起保护地球的责任。借助书本和媒体，一方面，幼儿可以初步了解到地球的表面在环境的作用下会发生不断的变化，这些变化会影响人类的生活。例如，风和水的流动都能成为发电的动力，便捷人类生活，而自然灾害会对人类产生消极的影响。另一方面，幼儿也需要了解人类活动对地球的影响。例如，人类的不合理开发带来了沙尘、雾霾、空气和水的污染等。这部分内容的学习能够激发他们探究地球的兴趣和好奇心，促使他们关注地球、热爱地球、保护地球，意识到保护地球的重要意义，从小树立生态意识、环保意识。

表 4－13 列出了不同年龄段幼儿关于地球与人类活动的关键经验。

表 4-13 不同年龄段幼儿关于地球与人类活动的关键经验

3～4 岁	4～5 岁	5～6 岁
(1) 知道人类生活在地球上。 (2) 感知和体验天气对自己生活的影响（例如，“下雨了，我不能出去玩”）。	(1) 知道地球的物质提供了人类使用的多种资源。 (2) 知道人类的生活离不开空气。 (3) 体验季节对自己生活和活动的影响。	(1) 初步了解地球的表面在不断地变化（如风化和侵蚀的影响）。 (2) 知道地球的变化会影响人类的生活。 (3) 了解空气污染对人类有危害（如雾霾的危害）。 (4) 知道要节约用水、保护水源的清洁。 (5) 初步了解自然灾害对人类生活的影响（如地震）。

资料来源：张俊. 幼儿园科学领域教育精要：关键经验与活动指导. 北京：教育科学出版社，2015：98-99.

四、科学技术

随着科学技术在社会生活领域的广泛渗透，幼儿科学教育内容也在不断地更新和扩展。我国 2012 年颁布的《指南》在科学领域中提出幼儿应“初步感知常用科技产品与自己生活的关系”。因此，幼儿科学教育内容也应包含幼儿身边常见的科学技术。

（一）简单的工具和科技产品

技术与科学是紧密联系的。一方面，在学习科学的过程中，我们会使用不同的工具做不同的事情，并解决实际问题。比如我们用放大镜来观察蚂蚁，用天平来测量物体的重量等。另一方面，技术的使用也增强了我们认识世界、改变世界的能力。比如用筛子能更容易分开颗粒大小不同的物体，用榨汁机可以自己制作鲜美的果汁等。幼儿很小就会对操作和摆弄工具表现出浓厚的兴趣，而且在家庭中获得的经验已经让他们在进入幼儿园时具备了一定的技术应用能力。他们会使用简单的家电，会用遥控器，会用电脑和智能手机。幼儿还是天生的探险家和发明家，他们喜欢动手做东西。这一阶段，幼儿园可以为幼儿提供大量的使用工具和设计、制造东西的机会。需要注意的是活动应该侧重于孩子们生活中常见的、他们感兴趣的内容，并且要强调使用工具或制造东西的过程是可行的、安全的。

拓展阅读

案例——工具用处大（大班科学活动）

活动目标

了解生活中一些常见的工具，体验工具能给人们的生活带来方便；

能正确地选择和使用常见的工具，使用过程中注意安全；

练习记录，并与同伴交流记录的内容。

活动准备

一篮黄豆、绿豆，一篮米，四个装着棉球的小口瓶子，一些饮料瓶，四个掉了螺丝、散落了一些小部件的玩具；

镊子、起子、筛子、漏斗等工具。

活动过程

1. 创设情境，激发兴趣

教师出示一个用透明胶带密封的快递箱子，告诉幼儿自己带来了一大箱好玩的东西。

教师努力徒手打开箱子，但不成功。教师寻求幼儿帮助："谁有好办法能帮老师打开箱子?"（用小刀、用剪子……）

教师用小刀打开箱子。

2. 发现问题，大胆猜想

（1）教师从箱子中取出材料，请幼儿分小组在三分钟内选择完成以下任务中的一项：

A. 把黄豆和绿豆分开；

B. 把棉球从瓶子中取出来；

C. 把米装进饮料瓶；

D. 把玩具修好。

（播放一段三分钟的音乐）

（2）幼儿分小组徒手操作（三分钟之内没有一组能完成任务）。

（3）鼓励幼儿猜想：怎样可以比较容易地完成任务呢?

3. 操作体验，验证猜想

教师逐一出示并介绍漏斗、筛子、镊子、起子等小工具，引导幼儿思考哪些工具可以帮助自己完成任务。

幼儿自由选择工具，完成小组任务。

（教师播放同一段三分钟的音乐）

4. 依据记录，交流分享

请幼儿用记录表记录、交流使用工具的情况。

教师和幼儿一起讨论两次操作的体会和认识。

5. 拓展延伸，提升经验

播放一段"智能轮椅"的录像。这种轮椅可以自动运行，并根据语言指令转弯，为行动不便的老人和残疾人外出带来很大的方便。帮助幼儿体验"工具为生活带来的便利"。

资料来源：幼儿园大班科学活动：工具用处大.（2016-01-08）. http://data.06abc.com/20160108/47648.html.

（二）信息素养

幼儿信息素养的培养作为信息时代的特殊要求受到越来越多教师和家长的重视。一方面，信息技术已经渗透在幼儿生活的方方面面；另一方面，幼儿自身无法对信息内容做出筛选和判断。这对幼儿园教育和家庭教育提出了新的挑战。幼儿信息素养的培养应该成为教育的内容，这样一定会为幼儿日后适应信息社会奠定好基础。

信息素养最初是美国信息产业协会主席保罗·泽考斯提出的，包括文化素养、信息意识和信息技能三个方面。随着时代的发展，人们对信息素养的认识也在发生变化，另外由于幼儿群体本身的特殊性，幼儿信息素养的内容也不同于成人。幼儿的信息素养指幼儿运用适宜的信息途径与资源获取并理解信息的意识、态度与能力①。信息意识与态度指幼儿对待信息技术的态度以及使用信息技术的意愿。幼儿是主动寻求和获取信息，还是被动接受信息？他们是否意识到信息技术可以帮助我们解决一些问题？另外使用信息技术过程中的安全意识也非常重要。需要让幼儿从小具备保护个人数据的隐私意识，以保护自己免受来自网络的侵害。信息能力也包含两个层面：一是获取信息的能力，即幼儿是否了解并使用获取信息的多种途径（书籍、电视、网络等）。二是幼儿对信息的分析、理解和运用，尤其是批判性的筛选、理解和运用。

目前，在幼儿园教育实践中信息技术更多是作为教学的手段而非内容。比如，用多媒体技术激发幼儿对活动的兴趣，家园交流网站的建立等。但信息技术也可以成为教育的内容。例如，让幼儿在家长的指导下通过网络搜集主题活动相关的材料，适当了解筛选网络信息的标准，参与家园网站上教师与家长的交流，等等。总之，幼儿园教师可以通过丰富的活动让幼儿感受信息化时代的特征，进一步激发幼儿了解、运用信息技术的热情，为幼儿良好信息素养的培养打下基础。

表 4－14 列出了不同年龄段幼儿关于信息素养的关键经验。

表 4－14　　不同年龄段幼儿关于信息素养的关键经验

3～4岁	4～5岁	5～6岁
（1）探索使用简单的工具。 （2）了解常见科技产品的用途。 （3）知道可以通过网络获取信息。 （4）意识到技术可以帮助人们完成事情和解决问题。	（1）使用多种常见的工具。 （2）探索使用新的科技产品。 （3）在成人的帮助下有目的地检索信息。 （4）感知并体会科技产品有利也有弊。	（1）有目的地选择恰当的工具解决生活中遇到的实际问题。 （2）简单地描述一项技术的步骤和条件。 （3）检索并筛选信息。 （4）有计划、有控制地使用科技产品。

① Martin A，Grudziecki J. DigEuLit：Concepts and Tools for Digital Literacy Development. Italics，2006，5（4）：249-267.

拓展阅读

国外科学领域早期学习标准

各个国家科学领域的早期学习标准渗透了各国选择幼儿园科学教育内容的理念和要求，在这里列举美国、英国、芬兰、日本等几个国家在科学领域的早期学习标准以供参考。

【美国】

Gronlund（2006）等人对美国部分州早期学习标准做过研究，将科学领域的内容分为①：

理解科学探究的过程，通过询问问题以及寻找信息来表达自己的好奇。

探索物体或者材料的物理属性，用一种或者是多种感觉来观察世界。

理解科学探究的一些基本概念，使用工具来收集信息（如放大镜、滴管、录音带）。

生命科学：认识到生物是由许多个部分组成的。

地球：了解一些关于地球的知识。

根据已有研究对美国早期学习标准中科学领域的分类，结合各州早期学习标准与发展指标，我们可以发现美国早期科学学习标准的一般框架模型。

科学领域认知发展指标框架模型

子领域	细分维度	标准
科学技能与方法	收集	儿童使用感官、工具、简单测量器具来收集信息，调查材料，观察过程和关系
	观察	儿童越来越多地观察、讨论事物的属性、差别
	实验分析	儿童通过探索（包括尝试错误、与同伴的讨论和互动、实验）认识、解决问题
科学技能与方法	记录	儿童通过各种方法（如绘图、制表）描述自己收集的信息、观察实验分析的结果
	总结	儿童根据自己先前的经验、收集的信息、观察的实验结果，进行预测、解释、总结
科学知识	自然知识	儿童能够观察、描述、讨论关于自然界的知识（包括生物和非生物）
	尊重人与自然	儿童通过自己的探索知道应该尊重自己的身体、尊重自己生活的环境
	时间、温度的变化	儿童开始意识到时间、温度的变化
	物体的变化、因果关系	儿童能够意识到事物之间的变化、因果关系

① 张晶．美国各州早期学习标准的内容分析及启示．上海：华东师范大学，2011：52.

从各子领域的指标内容来看，科学技能与方法子领域要求儿童掌握科学研究过程的基本方法：收集、观察、实验分析、记录、总结。其中实验分析是美国各州最为关注的①，各州希望儿童能够通过探索来增进对于周围世界的了解，形成良好的科学研究的素养。

科学知识子领域中，各州强调儿童在观察、描述、讨论、参观的基础上，增长关于自然界的知识，尊重自己、他人、环境。对于物体变化、因果关系这些需要更多推理逻辑的标准知识，各州则相对较少提及。

可以发现，关于科学领域各州标准文件更多是强调儿童要拥有科学研究的精神，掌握科学研究的基本方法，养成一些基本的科学素养，在儿童自己的探索的基础上增进对于世界的了解。

【英国】

2012 年英国《早期基础阶段框架》将科学领域的早期学习标准融入了“理解世界”维度中。在“理解世界”这一领域，包括了个人和团体意识、认识世界、了解技术等能力目标②。

理解世界领域主要分为儿童对周围世界的认知、观察和探索。给儿童认识人类、地点、技术和环境的机会，使他们理解周围物质世界和他们的社区。该领域主要由“人和社会”、“世界”和“技术”三大子领域构成。

英国《早期基础阶段框架》“理解世界”领域早期学习标准

特定领域	子领域	标准
理解世界	人和社会（people and communities）	儿童谈论发生在自己或家庭成员的生活中的过去和现在的事； 儿童知道其他儿童并不总是喜欢同样的东西，并对这个很敏感； 儿童了解自己与他人之间、家庭之间、社区之间和传统之间的相似和不同
理解世界	世界（the world）	了解关于地点、物体、材料和生物之间的相似与差异
		谈论自己直接接触的环境的特点，及一个地方与另一个地方的环境是如何的不同
		对动物和植物进行观察，解释为什么有些事情会发生并讨论这些变化
	技术（technology）	对某些在诸如家庭和学校等地方应用的技术有一定的认知
		为特定目的选择和使用技术

① 张晶. 美国各州早期学习标准的内容分析及启示. 上海：华东师范大学，2011.

② 贾婧. 英国早期基础阶段儿童学习与发展标准研究. 重庆：西南大学，2014.

【芬兰】

芬兰的学前教育分为早期教育和学前教育。早期教育是为 0～5 岁幼儿提供的教育与护理，主要是在白天进行保育活动，称为“日托中心”（day care centre）或幼儿园，这是学龄前幼儿所去的主要教育机构。学前教育则是针对即将接受九年制基础教育的 6 岁儿童所设置的为期一年的入学前教育，也称为小学入学前的预备教育[①]。政府教育主管部门为这两个阶段的教育分别制定了名为《儿童早期教育与养护国家课程指南》（*National Curriculum Guidelines on Early Childhood Education and Care in Finland*）和《学前教育国家核心课程》（*National Core Curriculum for Pre-primary Education*）的国家课程指南。前者颁布于 2003 年并在 2005 年被修订，后者颁布于 2000 年并在 2010 年和 2014 年被修订。这里介绍 2005 年的《儿童早期教育与养护国家课程指南》（简称 ECEC 指南）和 2010 年的《学前教育国家核心课程》中关于自然科学的内容。

芬兰自然科学领域早期学习标准与国家核心课程内容

领域	ECEC 指南	学前教育国家核心课程
自然科学	对自然界进行观察研究和实验	通过环境和自然研究支持思维发展和获得学习技能
		理解环境并认识到自身行为对环境的直接影响
		在自然中进行问题导向的研究
		使用不同的辅助手段进行观察（例如测量）
		学会描述、比较、分类和整理通过观察和测量获得的信息和结果
		认识生物多样性
	熟悉各种自然现象以助于理解因果关系	在探究中形成概念并找出因果解释

【日本】

日本学前教育标准在环境和表现两个领域的一些目标中体现了对幼儿科学素养发展的一定要求，比如：在环境领域，在观察、思考、接触周围事物的过程中，丰富关于事物的性质、数量和文字的感觉；在表现领域，享受表现自己感受的和思考的事情的乐趣。

在具体内容上，日本《保育所保育指针》在每个领域的叙述比《幼儿园教育要领》多 1～2 个条目，更全面、具体一些。因此在这里对《保育所保育指针》的具体内容进行介绍：

① 中国驻芬兰大使馆教育处．芬兰学前教育调研．基础教育参考，2016（19）：74-78.

环境和表现领域的目标与内容

领域	目标	内容
环境 （培养对周围各种环境的好奇心和探求心，以及将周围环境与自己的生活紧密联系的能力）	（1）爱护周围的环境，接触自然，由此关心各种各样的事物，并对此感兴趣； （2）自己主动接触周围的环境，享受发现的乐趣，善于思考，并努力将其与自己的生活相联系； （3）在观察、思考、接触周围事物的过程中，丰富关于事物的性质、数量和文字的感觉。	（1）在信赖的人及物构成的环境之中，丰富听、视、触、嗅、味等各种感觉； （2）对喜欢的玩具等感兴趣，享受丰富多彩的游戏； （3）接触自然，并关注大自然的广大、美好和神奇等； （4）在生活中接触各种各样的事物，关心其性质和组成，并对此感兴趣； （5）关注随着季节的变化而变化的自然和人的生活； （6）关心自然等周围的事物，并努力将其运用到自己的游戏和生活之中； （7）亲近、同情、珍惜身边的动植物，栽种并品尝作物等，尊重生命的尊严； （8）珍惜身边的事物； （9）喜欢并善于使用和琢磨身边的事物和玩具，能以此尽情地游戏； （10）关心日常生活中的数量和图形等； （11）关心日常生活中简单的标识和文字等； （12）关心、喜欢身边的生活，喜欢参加保育所内外的活动。
表现 （通过表现自己感受的和思考的事情，培养丰富的感性和表现能力，丰富创造性）	（1）对各种各样美好的事物，持有丰富的感性； （2）享受表现自己感受的和思考的事情的乐趣； （3）在生活中丰富感受，享受丰富多彩的表现。	（1）享受接触水、沙、土、纸、黏土等各种各样的材料的乐趣； （2）和教师等人一起唱歌，做手指游戏，按照节奏活动身体、进行游戏； （3）享受关注并感受生活中丰富多彩的声音、颜色、形状、手感、动作、味道、气味等的乐趣； （4）接触生活中各种各样的事情，丰富感觉； （5）在各种各样的事情中，体验相互交流感动的乐趣； （6）用声音或动作等或表现，或自由地写，或表达出自己感受的和思考的事情； （7）喜欢各种各样的材料和玩具，并能用心地做游戏； （8）喜欢音乐，体验唱歌或演奏节奏简单的乐器的乐趣； （9）喜欢与东西或动手制作，并能用来游戏或作装饰等； （10）体验用动作或语言表现自己的感受，或表演游戏的乐趣。

资料来源：刘天娥．现代日本学前教育的特点及其启示．南昌航空大学学报（社会科学版），2012，14（2）：103-108.

在上表中，环境领域体现出的关于科学素养发展的内容包括：

（1）在信赖的人及物构成的环境之中，丰富听、视、触、嗅、味等各种感觉；

（4）在生活中接触各种各样的事物，关心其性质和组成，并对此感兴趣；

（5）关注随着季节的变化而变化的自然和人的生活；

（9）喜欢并善于使用和琢磨身边的事物和玩具，能以此尽情地游戏；

（10）关心日常生活中的数量和图形等。

在表现领域关于科学教育的内容包括：

(3) 享受关注并感受生活中丰富多彩的声音、颜色、形状、手感、动作、味道、气味等的乐趣；

(4) 接触生活中各种各样的事情，丰富感觉。

可以看出日本的标准中对科学领域的要求主要体现在：对声音、颜色、形状、手感、动作、味道、气味等各种感知觉的感受和体验；对物体性质的探究；对季节变化的认知。但是这些要求都没有提出具体的标准，以感受、体验和兴趣为主[①]。

思考与练习

1. 请列举幼儿需要掌握的科学探究技能，并说明如何培养幼儿的科学探究技能。

2. 适合幼儿进行科学探究的内容有哪些？请举出不同领域的几个主题并尝试做科学活动设计。

3. 如何培养幼儿的科学兴趣与科学精神？哪些策略可以鼓励儿童的探究行为？

4. 判断下面有关技术的陈述哪些是正确的。

A. 计算机和计算器对幼儿而言不是适宜的工具。

B. 幼儿能学会利用互联网来获取信息。

C. 计算机作为学习工具的价值有赖于发展的适宜性以及所选软件的质量。

D. 训练对计算机的实践运用对幼儿是最适宜的。

阅读导航

1. 张俊. 幼儿园科学领域教育精要：关键经验与活动指导. 北京：教育科学出版社，2015.

2. Karen Worth，Sharon Grollman. 蚯蚓，影子和漩涡：幼儿班里的科学活动. 刘占兰，等译. 北京：北京师范大学出版社，2008.

3. 马丁. 建构儿童的科学　探究过程导向的科学教育. 杨彩霞，等译. 北京：北京师范大学出版社，2006.

4. 刘占兰. 幼儿园科学教育资源. 北京：人民教育出版社，2014.

5. 简·约翰斯顿. 儿童早期的科学探究. 上海：上海科技教育出版社，2008.

6. Rosalind Charleswoth Karen K. Lind. 幼儿数学与科学教育. 李雅静，龙洋，曾先运，等译，北京：北京师范大学出版社，2011.

① 张晖，李煜，范忆. 新西兰、英国、日本学前教育一体化述评及启示. 幼儿教育，2011 (30)：51-55.

第五章

幼儿科学探究活动的设计与指导

学习目标

1. 了解并掌握不同类型的幼儿科学探究活动设计思路和原则。
2. 能够组织实施不同类型的幼儿科学探究活动，并给予幼儿适宜的指导。
3. 了解并把握当前幼儿科学探究活动的发展趋势。

“探究”既是幼儿学习科学的有效方法与内容，也是幼儿科学教育的主要途径。《3～6岁儿童学习与发展指南》(以下简称《指南》)将“科学探究活动”界定为：教师充分利用自然和实际生活机会，引导幼儿通过观察、比较、操作、实验等方法，学会发现问题、分析问题和解决问题，帮助幼儿不断积累经验，并运用于新的学习活动，逐渐形成受益终身的学习态度和能力①。幼儿科学教育的过程，是教师对幼儿施加教育影响的过程，但从本质上说它是幼儿自己的科学探究过程。幼儿科学教育的过程，不是教师单方面的“教”的过程，也不是一个简单的“教师教、幼儿学”的过程，而是在教师指导下幼儿自主探究的过程。

① 教育部关于印发《3—6岁儿童学习与发展指南》的通知.(2012-10-09). http://moe.gov.cn/srcsite/Ao6/s3327/201210/t20121009_143254.html.

幼儿科学探究活动内容广泛、形式多样，不同类型的科学探究活动有各自的特点。本章主要介绍集体科学探究活动、区域科学探究活动、游戏与生活中的科学探究活动以及整合的科学探究活动。

第一节 集体科学探究活动的设计与指导

集体科学探究活动是教师根据幼儿科学教育的目标，有计划、有目的地选择活动内容，提供相应的材料，面向全体幼儿开展的科学探索活动。

一、集体科学探究活动的设计

集体科学探究活动的设计包括教师在活动之前对活动主题的选择、活动目标的设计、活动过程的设计等几个方面。

（一）活动主题的选择

活动主题的选择就是从幼儿科学教育的内容范围中，选择出适合幼儿探索学习和教师组织开展的活动主题，即将课程的内容转化为活动的内容。幼儿科学教育的内容很广泛，但并不是所有的内容都适合开展集体科学探究活动。在选择集体科学探究活动的主题时需要注意以下几点：

1. 围绕核心概念，选择最基本的内容

集体科学探究活动主题的选择可以参照《幼儿园教育指导纲要（试行）》（以下简称《纲要》）和《指南》的要求，围绕核心概念，选择最基本的内容（在第四章有详细介绍）。

2. 贴近幼儿的生活，拓展幼儿的经验

选择科学探究活动主题时要考虑幼儿的兴趣和已有生活经验。一般来说，越贴近幼儿生活的活动越容易引发幼儿的兴趣。但是在贴近幼儿的生活经验的同时也要注意拓展幼儿的经验，保证内容对幼儿有“适度新颖性”。比如在培养幼儿观察力的活动中，教师让幼儿观察生活中常见的苹果。除了让幼儿通过嗅觉、触觉、味觉等多种感官做观察外，还让幼儿去猜测果核里面有几颗种子并切开苹果验证自己的猜想。这个过程让幼儿能以崭新的视角去审视日常生活中常见的物体和事件，并借着观察苹果引入了科学探究的技能：观察、预测、检验。

3. 从可行性出发，选择适合开展集体活动的内容

有的内容虽然很重要或者很有趣，但不便于组织集体教学活动，我们也不宜将其确定为集体探究活动的主题。例如，虽然个别幼儿会对恐龙产生强烈的兴趣，但教师只能选择

挂图或讲解的方式来介绍恐龙，对幼儿来说意义不大，也很难吸引那些对恐龙不感兴趣的幼儿的注意力，所以对恐龙探究的活动更适合选择一些资料或绘本放在科学区或阅读区。再比如观察月亮的变化的活动适合感兴趣的幼儿在家长的带领下单独观测，而不适合教师带全班幼儿一起观测。

（二）活动目标的设计

在选定了集体探究活动的主题之后，教师就要考虑设计活动的目标了。活动目标是依据总目标、参照各年龄阶段目标，并结合活动的具体内容而制定的。一般说来，目标要包括《指南》中提出的情感态度、方法能力和知识经验三个维度，但在不同的活动中应该有所侧重。一次教学活动，只是实现科学教育总目标的漫长过程中的一步，教师在设计活动目标时，不必也不可能把总目标的所有内容全部纳入其中。活动目标的设计可以参考以下原则：

1. 可操作性和具体性原则

所谓活动目标，是指幼儿通过科学活动所应达到的学习结果。这种结果应尽可能用可以观察的行为的形式表现出来，以便根据活动目标的要求设计活动过程，同时也便于对活动的效果加以衡量和评价。例如“培养幼儿的观察能力”这一目标表述方式就不够具体，而如果是“培养幼儿使用放大镜观察物体的细节的能力”就更具有可操作性，可以通过幼儿外在的行为表现来衡量目标达成的程度。

当然，在幼儿科学教育的活动中，有些目标或要求的实现是长期的，很难在一次活动中就表现出来。也有的目标是隐形的，如情感态度维度的目标，很难通过外在的行为观察到。这种情况下可以尽量具体地写清楚达成目标的过程。如“通过照料小白兔使幼儿初步萌生对生命的关爱之情”就比“让幼儿喜欢大自然”要更为具体、可操作。

2. 预设性与灵活性原则

活动目标起着明确活动方向的作用。一方面教师在活动开始前需要依据总目标，针对具体活动内容设置尽可能具体的活动目标。另一方面教师预先设计的目标不可能是一个固定的要求，而应具有相当的灵活性，以适应每个幼儿的个别差异和活动过程中可能出现的变化。例如“观察橙子与橘子的差别并用自己的方式表达”这个目标就比较灵活，幼儿可以根据自己的能力和兴趣选择用语言、用图画等多种方式表达。总之，活动目标应该是科学活动的指南，但不能成为对活动的束缚。

3. 连续性与递进性原则

活动目标的连续性是指围绕主题而展开的一系列科学探究活动之间的关联，比如比较宝宝之前的照片和现在的照片，观察小鸡吃什么，对比在太阳下和黑暗中植物的生长，这三个看似是相互独立的活动，但实际上它们都指向“生长与变化”这个核心概念。

递进性则是指同一目标随着幼儿发展和能力的提升应该逐渐提高要求。例如："发展幼儿的观察能力"是对每个年龄阶段都适用的目标，但这样的目标就不够具体，缺乏递进性。"能够在教师的指导下运用多种感官进行观察"和"能够主动运用多种感官进行观察"就体现了不同层次的要求，而如果是"能够系统、完整地观察事物的特征"或"能够注意到观察对象的细微特征"等，就是更高层次的要求了。

（三）活动过程的设计

集体科学探究活动的过程，是在教师指导下幼儿主动的科学探索过程。集体科学探究活动并没有一个固定的程式，教师可以根据活动的内容灵活设计活动的过程。一般来说，集体科学探究活动可以分为三个环节：导入环节、操作环节和回顾反思环节。

1. 导入环节的设计

导入环节的作用在于激活幼儿的先前经验，激发幼儿的好奇心和参与探究活动的积极性。教师可以通过灵活多样的形式导入活动。

（1）直接切入探究主题。有的时候探究主题和材料本身已经足够引起幼儿的兴趣，这个时候教师可以直接出示材料或通过简短的指令导入活动。例如，在可编程玩具"小蜜蜂"的活动中，教师直接出示小蜜蜂，让幼儿观察小蜜蜂身上的按键，然后谈谈自己的发现，这就可以很好地吸引幼儿的注意力、激发他们的探究兴趣。

（2）问题导入。教师常常采用提问的方式来导入活动。教师在设计导入问题前要思考"本次问题设计的目的是什么"。幼儿园活动导入中的提问不是为了考查幼儿的知识水平，更不是为了设置难题"难倒"幼儿。而是为了在集体活动开始前吸引幼儿的注意，引发幼儿积极思考，激发幼儿主动探究。因此在问题设计的类型方面，应以开放性问题为主。所谓开放性问题，是指对于问题的答案教师没有确定、唯一的答案，幼儿的回答也没有对错之分。另外，教师的提问应结合幼儿的生活经验、幼儿观察到的现象、幼儿的困惑等。例如：教师在进行"摩擦起电"的科学主题活动时，可以就幼儿在户外滑滑梯的生活经验来导入——"小朋友们在户外滑滑梯的时候发生了什么？滑下来和老师击掌有什么感觉？"

（3）故事、谜语、儿歌等导入。以故事、谜语、儿歌的形式导入活动，可以引导幼儿将兴趣集中到将要学习和探索的事物中来。例如，在探究"青蛙的变态发育过程"时，教师可以以"绿衣小英雄，田时捉害虫，冬天它休息，夏天勤劳动"这样的谜语导入；在探究"月食"现象时，可以通过"嫦娥奔月"的故事导入。

总之，导入活动的方法有很多，并没有固定的格式或要求。其宗旨是引起幼儿对将要学习的内容的注意，激发幼儿对有关内容的学习兴趣。教师可以根据活动的内容灵活地加以选择以取得较好的效果。

拓展阅读

注意事项

教师在导入活动中常使用一个导入词——魔法。魔法既是教师在解释科学现象前设计的一个悬念，又是吸引幼儿的注意力和兴趣的有效方法。需要注意的是，这样的词汇可以在展示科学现象时使用，但在随后的环节里教师需要向幼儿解释清楚其科学原理，告诉幼儿科学现象的产生并不是魔法的结果。

2. 操作环节的设计

幼儿进入科学探究状态后，进行操作的过程也可以分为以下几种类型：

（1）教师演示讲解，幼儿模仿操作。

此类探究活动中的操作材料或者操作过程较为复杂，或者与幼儿的生活经验较远，如果没有一定的操作示范，幼儿难以独立操作完成。在此类探究活动中，教师要注意演示只是提供一种操作的步骤示范，而不是死板教条的操作模板。幼儿在自主操作的过程中可以有自己的理解，当幼儿没有操作成功时，教师可以借此机会进行提问，引发幼儿探究“结果不一致”的原因，引发幼儿的自主探究。例如在探究“不沉的纸船”中，教师引导幼儿探究不同的纸做的船在水里浮起来的时间长短。此时就需要教师演示制作纸船和下放纸船的过程。幼儿模仿教师制作纸船，但是又不拘泥于教师制作的纸船范例。当出现两个幼儿对于同样材料的纸船有不同的操作结果时，教师可以引导两名幼儿反思自己的操作过程有什么不一样的地方，或者引导幼儿再次进行操作实验，探究造成结果不一致的原因。

（2）幼儿自主探究，教师提供材料。

此类探究活动的操作材料及操作过程简单，不需要教师的演示，幼儿即可自己操作完成。例如在“感知不同水果”的探究活动当中，教师可以提供各种类型的水果，幼儿自己对水果的外形、气味、味道、触感等进行感知和探索，从而形成自己的探究结论。

（3）师幼共同探究。

在师幼共同探究过程中，教师应注意引导幼儿学习主体性的发挥。教师只是扮演着引导者和支持者的角色，操作、思考、探究的主体应该是幼儿。例如在斜坡实验当中，教师既要提供一定的材料：“不同长度、粗糙面的长板，不同形状、重量的滚动材料，不同高度的支架，计时器……”又要引导幼儿发现“不同长短、斜度的长板上物体的滚动速度不同”，激发幼儿探究“影响斜坡上物体滚动速度的因素”，同时要把操作和观察的权利交给幼儿。在这个过程中，教师全程作为参与者与幼儿一同参与到探究操作的过程当中。

拓展阅读

设计要点

1. 保证科学教育活动中的科学性

教师传播的科学知识、科学经验、操作方式一定是科学的、正确的。由于幼儿年龄的特殊性，教师在设计科学活动的时候需要适当地简化一些程序和操作，但是在简化的过程中不能改变正确的科学原理，一切应以事实为依据。

2. 教师应注意材料的直观性

幼儿期的思维以具体形象思维为主，教师在设计科学活动时要将复杂的、看不见的科学原理变为简化的、看得见的实物。以“风”的主题活动为例：“风是由空气流动引起的一种科学现象”，其原理是：地表温度在太阳照射下上升，地表空气受热膨胀变轻上升遇冷下降形成气流。但是这样的科学原理是幼儿所不能理解的，因此教师借助扇子的扇动、气球的放气、电风扇的转动等看得见的形式，将气流展示出来，引导幼儿认识风。

3. 遵循渐进性原则

幼儿年龄较小，生活经验较少，对于事物的理解常停留在表面。因此幼儿常常不能够理解一些复杂的科学现象。教师在设计活动时，应使科学技术本身的逻辑顺序与幼儿的年龄发展水平相适应，应由易到难、循序渐进地安排主题内容和教学方式；但是教师设计的内容不一定必须都是简单的、浅显的，幼儿科学教育更重视对幼儿探究过程中能力和情感的培养。对于一些复杂的科学探究内容，只要让幼儿了解其正确的科学现象、实验结果就好，随着幼儿生活经验的丰富和思维能力的提高，幼儿也就能够理解了。

3. 回顾反思环节的设计

在集体活动的最后，是幼儿注意力最容易偏离的环节，也是幼儿教师最容易“松散”的环节。在一个集体活动设计当中，教师往往将精心的设计安排在活动的导入和操作环节，对于活动最后的设计常常“敷衍了事”，使活动设计产生一种虎头蛇尾的感觉。因此在集体教学活动当中，做好收尾工作的设计是十分重要的。

在科学探究活动中，回顾反思是引导幼儿回顾整个探究过程，加深对相关科学概念的印象的常用方法。教师可以鼓励幼儿描述本次活动的探究过程、探究方法、出现的问题、收获及感受。帮助幼儿加深对本次探究活动的印象和对相关科学概念的理解。也可以在回顾反思之后提出进一步的建议，让幼儿在活动结束后可以将获得的科学经验迁移到类似的问题情境中，或继续深入对活动主题的探究，等等。

最后需要强调的是，这里所介绍的集体探究活动过程三段式设计仅仅是一个供教师参考的设计策略。教师在进行具体活动过程设计时，不必拘泥于这样的程式，而应该根据不同的内容、不同的对象进行灵活处理，否则就会显得教条和程式化。

二、集体科学探究活动的实施与指导

幼儿集体科学探究活动主要包括四种类型：观察认识型、实验操作型、科学讨论型、技术操作型。不同类型的探究活动有相应的实施和指导重点。

（一）观察认识型探究活动

观察认识型探究活动的目的主要是引导幼儿通过运用感官（看、闻、摸、尝、听）来观察和认识物质的基本属性及特征。观察认识型活动主要包括三种类型：

1. 一般观察

一般观察指通过对单个物体或现象的直接接触，直接感知、探究该物体的外形特征、基本属性等。此类探究较适宜于小班和中班幼儿。

在此类探究活动中：教师应直接展示观察的对象，引导幼儿运用不同感官，进行有序的观察；教师应注意引导幼儿从不同的角度、运用不同的感官和方法对个别物体或现象进行全面的感知和认识；同时，教师应帮助幼儿做好观察记录。如，在“认识水果”的探究活动中，教师可以直接展示出水果的实物。接着先引导幼儿通过观察，了解并描述出水果的外部特征，然后引导幼儿通过摸、闻、尝了解水果在触感上、味道上等的独特属性。进而引导幼儿了解水果的益处以及生长过程，并引导幼儿尝试对不同的水果的属性进行记录。

2. 多个物体或现象的比较观察

幼儿通过同时观察两个或以上的物体或现象进行比较，了解不同物体或现象的各自特征、属性，并找出它们的异同点，有利于幼儿分类能力及概念的形成。此类探究较适宜于中班、大班的幼儿。

教师在指导此类探究活动中，要注意先引导幼儿对物体之间的不同点进行观察，然后比较物体之间的不同点。因为相比较而言，“不同点”更易于被观察到，而“相同点”需要在幼儿对物体进行充分观察、了解其特征的基础上进行比较才能找到。教师在指导过程中应引导幼儿有顺序地对物体进行比较。如，在引导幼儿进行橘子和橙子的比较观察时，教师可以引导幼儿按照“形状、外皮颜色、触感、内部果实颜色、味道”的顺序进行比较观察。

对于比较材料的选择，要至少有一个相同点，或者其相同点是比较明显易于被幼儿观察到的；在比较的过程中，教师可以引导幼儿从明显的、外部的特征开始观察，逐渐引导幼儿观察内部的、细微的特征，使观察更细致化。

3. 长期系统的观察

教师应提前设计好观察的计划，引导幼儿进行有计划的、系统性的观察。包括：对观察的时间的确定，是每天观察还是隔一段时间观察；对观察对象的确定，是观察对象的某一特征还是整体变化；对记录方式的确定，是日记法还是记录表还是拍照等。引导幼儿养成定时、定点长期系统观察某一事物的技能及习惯。教师在组织每次的观察时，应引导幼儿将现在与过去的观察结果进行对比，帮助幼儿认识观察对象的发展变化。

（二）实验操作型探究活动

幼儿园的实验操作型探究活动指幼儿通过动手操作仪器和材料，以发现客观事物的变化及其关系的科学活动，是幼儿自己动手操作，亲自体验，自主探索的过程。

幼儿的科学实验操作型探究活动主要包括以下三种类型：

1．模仿操作探究

教师演示，幼儿模仿操作，观察现象，探索发现。如在教师讲解“造纸术”的时候，这个活动如果没有教师的提前示范，面对陌生的材料和器具幼儿是无法自己动手操作的。此时就需要教师先演示一遍“造纸”需要哪些材料，以及使用材料的步骤。幼儿在观察后对教师的操作进行模仿，就能有顺序地“造纸”了。

2．自主操作探究

教师提供材料并引导幼儿进行自主探究。教师不做示范，只是发挥引导作用。如，在斜坡实验的活动中，教师就可以引导幼儿针对不同长度的斜板进行操作实验，观察影响物体滚动速度的因素。教师在这里不做示范，只是提供长板和架子以及滚动的物体，并对幼儿的操作进行指导。

3．验证操作探究

在操作前，教师引导幼儿先提出猜想和假设，然后再引导幼儿通过操作验证猜想是否正确。如，在“不沉的纸船”的实验中，在进行实验操作前，教师可以先引导幼儿对于不同纸质的纸船的沉浮情况进行猜想，进而通过实际操作验证幼儿的猜想。

拓展阅读

实施要点

1．提供丰富多样的实验材料，保证幼儿能反复操作

幼儿的科学体验来自幼儿与物质材料的相互作用，多样的物质材料可以帮助幼儿获得丰富的科学体验。

2．积极引导幼儿主动参与活动

实验操作活动的主体应该是幼儿，不论是哪种类型的操作探究，都应该保证幼儿有时间和机会亲自对实验材料进行探究和操作。

3．引导幼儿在实验中仔细观察

引导幼儿对实验操作中事物的变化进行系统的观察，帮助幼儿学习在实验操作过程中进行记录和总结。

4. 组织幼儿对实验结果进行讨论交流和分享

幼儿在讨论和交流中不仅可以分享自己的收获和经验，进而获得一定的满足感和自信心，还能在交流的过程中获得对他人经验的了解，促进彼此的启发、学习。

5. 注意观察幼儿的操作过程

在幼儿操作过程中，教师要观察、了解幼儿探索活动的情况（包括幼儿参与活动的主动性、积极性。如：幼儿是在自己操作，还是在等待教师指导；幼儿的操作方法、他们的发现及问题；幼儿的自言自语、同伴间的轻声细语；幼儿的情绪表现；等等）。

（三）科学讨论型探究活动

科学讨论型探究活动指在收集资料和整理资料的基础上，通过集体的交流讨论的手段获取科学知识的活动。集体活动中的科学讨论主要包括“收集资料—共同分享”“个别探究—集中研讨”两个类型。

1. 收集资料—共同分享

教师事先提供一些图书资料或者组织家长幼儿一起收集相关资料，在集体活动中大家一起分享和交流。如，在探究“石狮子”的话题中，教师可以事先组织家长和幼儿在生活的环境周围或外出游玩时观察各种石狮子并拍照记录，在网上搜集相关的资料，然后在班里就幼儿搜集的资料和照片展开分享和讨论。

2. 个别探究—集中研讨

先让幼儿进行个别探究，在个别探究的基础上再进行集中的研讨。如，在探讨“花的结构”时，教师可以先组织幼儿自己进行观察和探究，记录花的结构。然后再组织个别幼儿分享自己的观察结果，最后组织全班进行集中讨论，总结出花的结构，进而引发对其他植物结构的探究。

拓展阅读

实施要点

科学讨论型活动不是灌输科学知识，教师应把讨论的话语权交给幼儿。

建立平等的对话，给予幼儿自由表达自己观点的权利。

采用丰富多样的手段引导幼儿表达他们自己的理解，丰富科学讨论的形式。

（四）技术操作型探究活动

技术操作型探究活动是让幼儿自己使用工具，操作、设计和制作简单的科技产品的活动。具体包括以下四种类型：

（1）感受—操作型，幼儿接触和感受现代的科技产品。如让幼儿亲自制作蛋糕来体验烤箱的功能。

（2）运用—操作型，幼儿学习使用工具类产品，了解和掌握工具的作用及使用方法。如幼儿学习使用剪刀、尺子、调查表等。

（3）学习—制作型，通过开展一些简单的制作活动，教师示范固定的步骤，引导幼儿模仿学习，进而制作出简单的作品。如，制作火箭、望远镜、跷跷板、不倒翁等。

（4）设计—制作型，是相对于上一种类型更为复杂的制作。并且此类制作更注重幼儿的设计，幼儿不一定要按照固定步骤完成制作。可以发挥自己的想象力和创造力进行加工和创造。如，在制作不倒翁的时候，教师演示在不倒翁里放小铁块，幼儿可以自由放类似于石子等重物代替小铁块，并且在完成基本的步骤后，对不倒翁进行装饰。

在幼儿园实际的科学探究活动当中，这四类活动并没有严格的区分，只是各自侧重点不同。比如，在实验操作过程中也会有观察，观察认识型活动中也会有科学讨论。教师在设计活动时，要注意四种类型活动的有机融合。在具体实施的过程中，也要“具体问题具体分析”，根据实际情况调整自己的指导策略。

拓展阅读

集体科学探究活动设计要点小结

1. 设置能够引起幼儿兴趣和探究欲望的导入

包括直接操作材料导入、演示操作过程导入、利用简短指令导入、设置相关问题导入。

2. 鼓励幼儿围绕主题进行假设或设计

教师应考虑幼儿年龄阶段、知识经验和认知能力水平的特点，鼓励幼儿对探究主题进行猜想和假设。不要按照成人自己的意愿把对问题的猜想强加到幼儿身上。

3. 鼓励幼儿按照自己的想法操作

给予幼儿充分的自由，带着问题和想法去选择和操作材料，验证自己的猜想。教师只起引导和支持的作用，而不应直接告诉幼儿结果或者直接否定幼儿的实验结果。

4. 引导幼儿积极交流和反思

在实验操作结束后，教师应积极为幼儿创造交流和反思的条件。在这个过程中帮助幼儿对自己的实验过程进行梳理和总结，鼓励幼儿之间的交流和反思。

拓展阅读

案例——橡皮泥浮起来了（中班）

试分析下面的活动案例属于哪种活动类型。

活动目标、内容、过程的设计是否适宜？

活动目标

1. 使幼儿对科学活动感兴趣，能积极动手探索。

2. 使幼儿初步了解物体的沉浮现象，并学习记录实验结果。

3. 培养幼儿的团结协作能力。

材料准备

幼儿三至五人一组，每组一盆水。

橡皮泥若干。

活动过程

一、提出问题，导入活动主题

教师：孩子们，我们都玩过橡皮泥，那你们知道如果把橡皮泥放到水里会怎么样吗？

幼儿猜测后回答（烂了，湿了，浮上来，沉下去）。

二、动手实验，感知沉浮现象

教师：大家的答案可真多！现在，我们就把橡皮泥放到水里试一试。

幼儿操作后回答（橡皮泥沉下去了）。

教师：那如果我们把橡皮泥捏成其他形状会怎么样呢？现在大家把橡皮泥捏成不同形状放入水中再试一试。

幼儿操作后回答（有的沉下去了，有的浮起来了）。

教师：那橡皮泥在什么样的形状下可以浮起来呢？

幼儿再次动手实验并记录结果，教师巡回指导。

三、师幼互动，分享实验结果

教师：实验结束了，大家来说一说实验结果吧。

幼儿回答（我把橡皮泥捏成了球形，沉下去了；我捏的是圆柱体，也沉下去了；我捏的是小碗形状的，浮起来了……）。

教师：那我们一起来看看，浮起来的都是什么形状的。

幼儿观察后回答（像碗一样的）。

教师：那我们现在都来用这个方法再试一试。

幼儿再次实验。

教师：大家的实验都很成功！橡皮泥改变形状后，增大了与水接触的面积，浮力增加了，就浮起来了。

资料来源：毛瑞花．小世界 大科学：幼儿园科学教育撷英．石家庄：河北教育出版社，2016：35-36.

第二节　区域科学探究活动的设计与指导

科学探究活动不一定发生在集体活动过程中，幼儿还可以在区域活动中进行科学探究。区域科学探究活动是指教师创设或利用区域游戏环境，通过各种游戏设备和丰富多样的、有结构的材料所进行的科学教育活动。区域科学探究活动可以说是对集体科学探究活动的延伸和弥补。区域科学探究活动除了可以在幼儿园专门设置的科学区、科学活动室开展，还可以与其他区域活动相结合。

一、区域科学探究活动的特点

相对于教师主导的集体活动，区域活动中的探究活动没有固定的组织形式，幼儿以个人自主探究的形式为主，能够直接与材料进行对话，自由选择探究的主题、材料、方式等，按照自己的节奏和步骤操作，选择自己喜欢的伙伴进行合作，幼儿拥有更大的自主权进行探究。同时，教师也能够兼顾到个别幼儿的需求，对幼儿实施个别化的指导，并针对幼儿提出的疑问给予及时、全面的反馈。在幼儿区域科学探究活动中，幼儿以材料为中心进行学习。教师通过区域材料对幼儿进行间接、隐性的指导。集体活动中教师有形的指导，在区域活动中变为了“有意图的区域材料”。例如，在区域材料中，教师投放了磁铁以及各种类型的金属，这些金属有的可以被磁铁吸附，有的则不可以。幼儿在尝试用磁铁吸附金属的过程中就会发现“不是所有的金属都能被磁铁吸附”。在这个过程中，教师没有做出任何外显的语言、动作的指导，而是将指导蕴含在各种类型的金属当中。

二、区域科学探究活动的设计与实施

拓展阅读

案例——“收容角”

某班活动区活动时间。放眼望去，幼儿在各区角内玩得十分开心。仔细观察，区角活动存在冷热不均的现象。建构区、图书区、美工区都很受欢迎：建构区中人头攒动，幼儿一边搭着，一边议论着，十分投入；图书区中三五个幼儿靠在软垫上，认真地翻看着图书；美工区内幼儿正在专心地做棉签画。还有几个幼儿在建构区和美工区外面徘徊，等待进入游戏的机会。然而科学区内空空荡荡。在教师的动员下，这几个等待的幼儿进入了科学区。幼儿拿起放大镜看看，转动了几下小地球仪，又走了出去。

问题：科学区为什么不受欢迎？如何开展科学区的活动？

上述情况在幼儿园中并不少见。在区域活动时间，建构区通常是最受欢迎的区，而科学区、自然角则是被冷落的区，有人甚至戏称其为“收容角”。当询问幼儿为什么不喜欢去科学区时，幼儿给出的回答很简单：“不好玩”，“没什么可玩的”。这说明幼儿园对活动室科学区的设计不合理，不符合幼儿的探究兴趣和探究能力，偏离幼儿的生活，无法满足幼儿的探究需求。因而在区域活动时间，很少有幼儿愿意去科学区活动。要使“收容角”转为“受欢迎角”，需要教师根据教育目的，结合幼儿的年龄水平、班级科学活动的教学安排、幼儿的兴趣特点等对科学区进行精心的设计。

（一）活动室内科学区的活动设计与实施

1. 科学区材料的投放

《纲要》在幼儿科学领域的指导意见中提出教师应该“提供丰富的、可操作性的材料，为每个幼儿都能运用多种感官、多种方式进行探索提供活动条件”。在科学区的材料投放中，教师应具体注意以下几点：

（1）教育性。

区域活动的材料投放应该与教师的教育目的紧密相关，教师的教育目的隐性地体现在材料当中。因此在选择材料时要考虑材料是否与本学期科学教育的目标及内容相关，是否对幼儿的科学探究能力有促进作用。如：某班如果近期开展了“吸水性实验”的活动，教师就可以借用原本被认为是艺术区的纸张来作为科学区的材料，为幼儿进行吸水性实验提供必要的材料支持；如果近期开展了“光的折射和反射”的活动，教师就可以在区域活动中投放各种类型的镜子。

（2）可操作性。

可操作性是指实验的难度要适宜幼儿的能力水平，且易于幼儿操作。并不是所有的科学实验都可以由幼儿独自完成。如，“火山喷发实验”就不适宜小班幼儿独自完成。因为要想成功地让“火山喷发”，需要将其中的物质按照一定的比例进行调配，且为防止幼儿不慎将粉末放入嘴里或撒到眼睛里造成伤害，此类活动材料适合在大班投放，且需要在教师的引导下由幼儿操作完成。再比如，同样是观察树叶，对于幼儿来说，放大镜比显微镜更易被幼儿使用，满足其探究的需求。

（3）趣味性。

趣味性是指教师在设计材料的投放时应考虑到幼儿的特点和兴趣。不管该材料具有多少科学性和教育意义，如果幼儿对其缺乏操作的兴趣，材料就只是一种摆设，也就谈不上发挥教育功能了。比如，在中班做“声音的振动”的探究主题的话，一个由橡皮筋作为琴弦的吉他和一把可以振动的尺子相比，吉他更能吸引幼儿的探究兴趣。

（4）层次性。

这里的层次性是指材料的投放要满足不同年龄阶段幼儿的发展特征。例如，在“电流、电路”的探究主题当中，在小班适合投放一个已经成型的电动玩具，这里幼儿只需要将电池放入玩具当中，就可以使玩具活动起来，或者是投放一个由简单的小灯泡、电池、电线构成的串联电路，引导幼儿体会电的作用。在中班教师可以投放现成的“电子积木”，幼儿可以通过自己的动手操作，发现不同的连接通电方式。在大班，可以提供除了电线以外的任何可以导电的材料，如水果、金属片等，灯泡也可以换成小风扇、发电机等。

除了满足幼儿年龄发展阶段的特征，教师还应提供多样化的材料以满足幼儿的个体探究需求。例如，在“制作纸桥”的主题中，教师在区域投放的纸的种类越丰富，幼儿操作多种材料的机会就越多，也就更容易获得“何种材质的纸张更适合制作纸桥”的相关科学经验。幼儿在选择纸张和尝试搭建的过程中，提升了“探究”的能力。

拓展阅读

电子积木

电子积木是根据少儿学习知识的特点而设计的产品。将导线、灯泡、二极管、三极管、电阻、电容、普通开关、震动开关、温控开关、无线发射器、电表、电机、喇叭、集成块等电子元器件固定在塑料片（块）上，用独特的子母扣做成独立可拼装的配件，在产品配置的安装底板上像拼积木一样拼装电路组合。

电子积木把复杂的电子电路知识通过积木这种简单的形式，用形象化的手段，向儿童展现出来。即使没有学习过“电路”和“电流”的物理知识，儿童通过移动、旋转、拼接电子积木中提供的元器件以及电路板，观察拼接后灯泡是否发光、收音机是否发声等来判断是否成功连接电流，从而在正式学习前获得对“电流”和“电路”的理解。将多样的材料器件与积木的原理结合，让儿童可以自由搭建和组合，在不断尝试搭建的过程中，不同年龄段的儿童能够从中学到不同难度的内容。

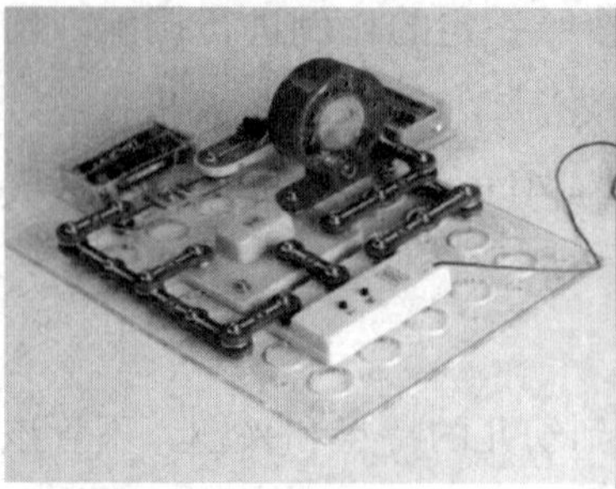
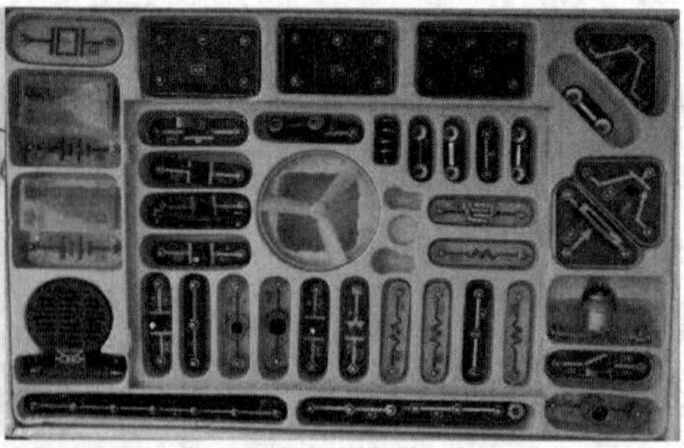

资料来源：电子积木．（2018-07-03）．https：//baike. baidu. com/item/％E7％94％B5％E5％AD％90％E7％A7％AF％E6％9C％A8/1932014？fr＝aladdin.

(5) 生成性。

生成性是指活动的材料可以给予幼儿充分发挥想象、进行创造和再创造的发展空间。投放到区域的材料应当具备一定的生成性。科学区中的生成性材料可以是生活中常见的“废品”、半成品，如塑料瓶、吸管、瓶盖、毛线、雪糕棍等都是幼儿园区域材料中的“万金油”；也可以是教师根据幼儿的特点及其提出的问题，对原始材料进行改造的新内容，如利用塑料瓶改造的漏斗、利用吸管制作的十字架、利用卫生纸筒制作的管道等。这样不仅有利于幼儿想象力和创造力的发挥，还有助于幼儿动手能力的发展。

2. 科学区活动的组织与实施

(1) 支持幼儿自由选择活动的内容和材料。

教师应该在物质和行动上支持幼儿按照自己的意愿选择科学区的活动内容和材料，尊重幼儿的选择，不能将教师的意愿强加到幼儿身上，甚至直接干预幼儿的活动。例如，在集体活动中教师示范利用牙签（小木棍）和圆形硬卡纸制作小陀螺。当幼儿自己到科学区寻找材料制作陀螺时，幼儿发现了乒乓球以及正方形的塑料卡片，于是幼儿决定利用这些材料来制作陀螺。在制作完成之后，幼儿发现，正方形的塑料卡片和乒乓球旋转的效果都不如圆形卡片，进而得出“圆形的且底部是尖的陀螺旋转的效果更好”的结论。

(2) 观察幼儿的活动情况，予以适时的指导。

虽然区域活动以幼儿自主操作、主动探究为主，但此时的教师并不是一个旁观者，而是幼儿的观察者、评价者和指导者。当幼儿出现盲目摆弄或者错误操作甚至是破坏行为时，教师就应给予幼儿适当的指导，引导幼儿科学、有效地利用材料，进行探索。但是在指导的过程中教师要注意指导的方式，避免过度的包办代替。如果幼儿在操作过程中遇到问题并且迟迟不能自己解决时，教师可以提供暗示性的建议，如在幼儿利用瓶盖和瓶身制作汽车的时候，将四个瓶盖直接粘在了瓶身上，接着幼儿发现自己的车不能走。此时教师就可以通过暗示性的语言引导幼儿：“如果想要汽车动起来，应该让汽车的哪个部位动起来?”“你的车轮现在可以转起来吗?”“为什么转不起来?”“怎么样才能让瓶盖滚起来?”……通过提问的方式一步一步引导幼儿进行思考，进而发现解决问题的正确方法。或是通过提供材料来支持幼儿自己解决问题。例如上述案例中的“如何让车轮滚动起来”，教师可以提供一些汽车、自行车的图片，也可以提供一个中间带有孔的塑料瓶盖、橡皮泥等，以启发幼儿。相比于教师直接告诉或者代替幼儿制作车轮，这样的指导更能留给幼儿自主探究的空间。

(3) 引导幼儿遵守活动的规则进行操作。

每个区域都有自己的规则，科学区也一样有自己的规则，图 5-1 为某所幼儿园某班级所制定的科学区规则。在幼儿进行探究活动的过程中，教师应当积极引导幼儿遵守活动的规则。这样既能培养幼儿的规则意识，又能保证科学活动的有效进行，为幼儿科学操作的严谨性创造良好的环境。科学区的规则可以包括两个方面：一是统一的区域活动要求，包括安全方面的要求和操作方面的要求。在安全方面，教师要告诉幼儿什么是危险的材料，告诉幼儿在使用这些材料时需要先征得老师的同意，以及哪些是禁止做的危险的行为，例如不能在科学区跑跳，不能拿着器具攻击别人等。在操作方面，教师需要引导幼儿文明、有序地进行科学探究操作。二是专门设置进入科学区的提示和建议，例如，探究活动要安静有序，要针对实验过程和实验现象做记录，按需取材不要造成材料的浪费等。

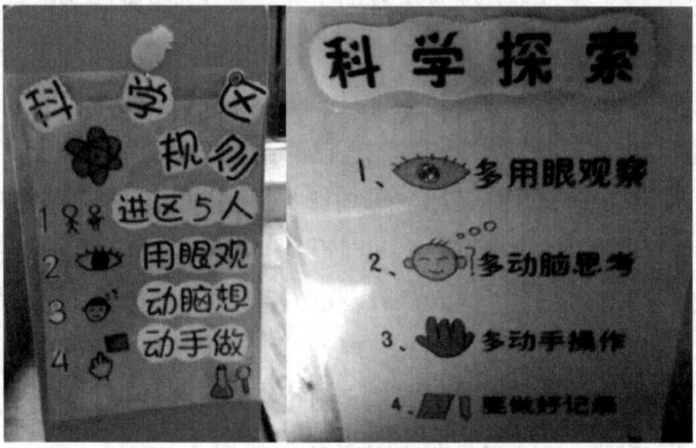

图 5-1　科学区规则

（4）注重自主探究后的总结与反思。

在科学区幼儿自主探究结束后，如果没有教师的主导作用，幼儿基本不能自觉地对自己的实验和操作进行总结和反思，往往简单地“玩”过之后就离开了。这样幼儿不仅对本次探究活动过程中的逻辑顺序缺少清晰的认识，对探究结果缺乏深刻的体验和感悟，对于下一次的探究活动也没有形成有效的探究经验。在科学区活动结束时，教师可以引导幼儿个人进行总结和分析，或者组织多个幼儿一同对自己的探索活动进行讨论、交流。引导幼儿通过分享经验，引发反思，互相启迪，体会科学探究的乐趣。

拓展阅读

案例——吹泡泡游戏

上午活动区活动时间。科学区内布置了吹泡泡游戏的材料，有各种洗涤用品如肥皂、洗洁精、洗发水等，还有幼儿用细铁丝弯成的各种形状的吹泡泡用具。幼儿正聚精会神地配制吹泡泡水，然后用工具吹出各种各样的泡泡，他们为自己成功吹出的泡泡而兴奋不已，不断地有人跑到教师身边报告：“老师，看我吹的泡泡。”“老师，我的泡泡比他的大，我同时吹出两个泡泡了。”起初教师只是简单应付点头，后来，由于他们跑出了科学区，造成了活动室的混乱，教师不得不坐到了科学区里。她说：“那我们就来比赛，看谁吹的泡泡大，看谁吹的泡泡多。”幼儿赶忙排起队来，有的挤成一团，有的迫不及待地吹起了泡泡，教师开始维持纪律：“排队，排队，按顺序来……你应该排在后面怎么先吹起来了？……”

在上例中，教师试图对科学区中的吹泡泡探究活动进行指导，但由于指导的方向出现了偏差，从而导致这一极富教育价值的探究活动变成了一个吵嚷和维持纪律、进行社会性教育的活动，活动的价值流失了。正确的指导方向应该是：既然幼儿提出了“我吹的泡泡大”“我吹的泡泡多”的问题，教师应该顺势提出一个问题：“为什么有的泡泡大，有的泡泡小？有的泡泡多，有的泡泡少？”从这个问题出发，鼓励幼儿探究泡泡水和泡泡大小、多少的关系，吹泡泡用具的不同和泡泡大小、泡泡多少的关系，等。幼儿的探究就可以进一步深入下去，使得材料本身的教育价值得到充分的发挥。

（二）其他区域活动中科学探究活动的设计与实施

除了科学区，其他区域活动也可以和幼儿的科学探究结合起来。比如：幼儿可以在生活区中了解关于食物的营养价值及其在制作过程中的变化等；种植养殖区的养花、养兔子等活动是幼儿对自然科学的学习与实践；幼儿还可以通过在沙区玩沙，了解与沙子相关的科学知识；艺术区中，幼儿可以通过不倒翁、火箭、降落伞、万花筒等科技小制作来发展自己的探究兴趣和科学制作能力；教师还可以在阅读区中投放一些关于科学知识的读物，为幼儿普及相关的科学知识；积木区幼儿可以获得一些关于力学的知识……教师应充分发掘和利用活动室各区角的科学资源，发挥各区域的科学教育价值，引导幼儿在区域活动中进行科学探究。

1. 生活区科学探究活动的设计与实施

提起幼儿园的生活区，人们最先想到的就是厨房用具、衣服、食物等，认为科学似乎与这些东西没有多大的联系。然而，科学本身就不是什么神秘而复杂的东西，科学就存在于我们的身边。尤其对于认知尚不成熟、社会经验较少的幼儿，感知、探索身边的事物才是其探究世界的主要途径。具体来说，生活区的科学探究可以有以下几方面：

（1）有关食物的活动。

食物的烹制可以帮助幼儿学习和了解食物经过一些操作可以变形，如盐、糖放到水里可以溶解，面经过烤制或蒸熟可以变厚甚至变色，盐是咸的、糖是甜的、醋是酸的、辣椒是辣的……生活区的一些食材也可以拿到科学区进行实验。例如馒头、面粉、土豆遇到碘会变蓝，食用油、糖稀、盐水和水哪个更重，食醋和苏打结合会发生化学反应产生“火山喷发的效果”……

幼儿也可以通过观察蔬菜、水果，甚至是在教师帮助下采用切、削、烤、蒸、煮等方式对蔬菜进行加工，获得对蔬菜、水果的认识；幼儿还可以种植一些简单、常见的蔬菜、水果，如豆芽、土豆、胡萝卜等；或者是将蔬菜、水果作为实验对象投放到科学实验当中，如研究蔬菜水果的结构、营养常识、生长过程、培育方法等。

（2）有关医学健康的活动。

生活区中一些简单的药品、医学工具等也可以作为幼儿医学常识的补充。有时一些医学工具还可以作为科学区的材料。例如，注射器、碘酒、纱布就是科学区常见的辅助工具。

拓展阅读

案例——鸡蛋浮起来了（小班）

活动目标

让幼儿知道鸡蛋能够在盐水中浮起来。

材料准备

大小相同的透明玻璃杯两个、鸡蛋两枚、盐一袋、水一瓶、筷子一根、托盘一个。

热热身

教师提问：把鸡蛋放入水中，会发生什么现象？如果把盐加入水中，又会有什么现象发生？

动手探索

1. 分别往两个玻璃杯中倒入大半杯水。
2. 将鸡蛋分别放入两个杯子中，鸡蛋都沉到了杯底。
3. 向其中一个杯子里不断加盐，看看会有什么现象发生。

结果与原理

在加了盐的水杯里鸡蛋慢慢浮上水面，盐水的浮力远远大于淡水，往淡水中加入盐时水的浮力就会增加，沉到杯底的鸡蛋会慢慢浮上来。

资料来源：毛瑞花．小世界 大科学：幼儿园科学教育撷英．石家庄：河北教育出版社，2016：108-109.

2. 养殖区和种植区科学探究活动的设计与实施

养殖区和种植区中的科学探究活动主要是对生命科学的探索，活动主题以种植饲养和观察活动为主①。在养殖区可以进行的科学探究活动有以下几类：

（1）认识植物和动物。

通过观察认识植物和动物的结构、特征、习性、生存条件等，直观地获得对植物、动物的更全面深刻的认识，以及在这个过程中观察、记录和表达的方法。在这个过程中，教

① 董旭花．幼儿园科学区（室）．北京：中国轻工业出版社，2011：10.

师可以引导幼儿有顺序地对植物和动物进行观察和记录。此外，教师的指导应结合幼儿年龄的阶段性特征、探究兴趣等。

（2）种植植物、养殖动物。

幼儿在教师的指导下，一起合作种植植物，常见的如花、蔬菜、豆类等，养殖动物，如兔子、鸟、昆虫、鱼等。在实际种植或养殖的过程中，幼儿能够真实、具体、直观地观察到植物、动物的生长变化，并了解到其生存的必要条件，获得对动植物更全面、深刻的认识。这样的经验既培养了幼儿对自然的热爱之情，帮助幼儿树立爱护自然环境的意识，还培养了幼儿对于大自然的探索的欲望，这不仅有助于其将来科学素养的发展，还对其将来的人格品质、道德情操产生积极的影响。

（3）观察、记录植物和动物及其生存环境。

除了亲自种植养殖动植物外，幼儿还可以使用观察和记录的方法来进行科学探究。观察和记录的内容包括动植物的外观形态、生长变化、不同个体间的异同点、种子的种类以及动植物的生存环境等。幼儿在观察记录的过程中，还可以学习使用诸如观察表、记录表、放大镜、尺子等工具，进行看、闻、尝、听、摸等行为。在不断实践的过程中，幼儿观察和记录的能力有所发展。在这个过程中教师要积极引导幼儿及时做好观察记录，并对自己的观察记录进行分享和交流。

（4）利用植物作为科学实验的材料。

教师可以直接利用园所里种植区和养殖区的植物作为科学实验的材料。如：将芹菜或者花放在有颜色的溶液里，观察植物是否变色，探究植物是如何吸水的；观察种子的发芽过程；用一些水果做电流实验的工具；将树叶放到水里观察植物的呼吸等。在这个过程中，教师要注意引导幼儿动手操作的严谨性，例如，如果要做“会变色的花”的实验，应该首先准备好“浅色花、墨水、容器、水”等材料。在操作过程中要注意，先在容器中注入墨水，其次将花茎削开，最后将花的茎放入墨水中。整个过程的顺序以及每个材料和工具的使用都是值得提醒幼儿注意的地方，可以培养幼儿严谨的科学态度。

拓展阅读

大班科学活动案例：会变色的花

活动目标

1. 通过观察知道植物是靠根部吸收水，靠茎部输送水的。
2. 能够在教师的指导下，进行实验操作及观察记录。
3. 萌发对植物的探究兴趣。

活动准备

两枝浅色带茎的花，相同的透明瓶两个，蓝色墨水。

活动过程

1. 将两个透明瓶内注入相同多的水，其中一个滴入几滴蓝色墨水。

2. 将两枝花分别放入透明瓶内，几天后观察花朵颜色的变化。

指导建议

1. 提供给幼儿的花朵颜色尽量是浅色的。

2. 注意引导幼儿每天观察茎及花朵的变化，并做好记录。

3. 可在自然角用芹菜、香菜等易观察的植物做实验，引导幼儿观察并记录。

科学小知识

茎是植物的营养器官之一，具有支撑植物、运输水分和养料的作用。植物的茎能从下至上地将根吸收的水分和养料运输到植物的各个部分。花瓶中的花朵会变色正是因为茎输导蓝色墨水的原因。

3. 沙区科学探究活动的设计与实施

沙区是非常受幼儿欢迎的活动区域，包括户外沙区和室内沙区（如图5-2所示）。如果将幼儿的科学探究与沙区相结合，既利用了幼儿“玩沙”的兴趣，还丰富扩展了幼儿的探究范围。在沙区的科学探究活动可以有以下几种：

（1）研究沙子的属性及作用。

幼儿可以通过看、摸、闻的方式，对沙子的属性进行观察和记录，或者将沙子与水混合做实验，了解沙子的基本特征；教师还可以对幼儿普及相关的知识或者引导幼儿自己针对“沙子”搜索相关资料，了解沙子在生活中的重要作用。具体来说，幼儿可以进行筛沙、塑沙、捏沙等活动。

（2）将沙子作为其他科学探究的工具。

教师还可以将沙子作为科学探究的工具，例如在做“守恒实验”的时候，用沙来代替水作为被测量的物质。相比于水，沙子不仅具有像水一样的流动性和可塑性，同时还具有固体物质的特性，作为“体积守恒”和“重量守恒”的工具，更易被幼儿理解；幼儿在测量沙的重量和体积的过程中还能学会测量工具的使用，测量之后还可以进行一些记录。

（3）与沙相关的小制作。

幼儿可以根据沙子的特性，制作一些与沙子相关的东西：可以制作一些直接用沙子做的东西，如，沙漏、泥土DIY；还可以制作一些测量沙子的工具，如漏斗、沙子过滤器、量筒等；在户外沙区，幼儿还可以用沙来种植植物，布置小动物的家，在户外沙区筑造“水渠”等。

教师要注意引导幼儿制作之后要及时洗手和清理卫生，做好安全保护工作。

室外沙区

室内沙区

图 5－2　幼儿园玩沙区

拓展阅读

沙区活动案例

1. 做“蛋糕”

用大小、形状不等的容器装满沙子，用铲子拍结实，然后倒扣过来，就成为各种形状的“蛋糕”。

2. 比脚印

让幼儿在沙池里印脚印，和别的幼儿比一比，谁的脚印大，谁的脚印小。

3. 其他沙坑游戏

还可以让幼儿用工具在沙池中挖挖洞或者堆小山并用树枝装饰小山，用筛眼大小不同的筛子筛沙子，观察比较其不同的结果。

4. 艺术区科学探究活动的设计与指导

艺术区是幼儿通过动手操作、想象创造进行自主学习的重要场所，为幼儿感受美、表现美、创造美提供了广阔的空间。艺术区活动主要包括书写绘画、美工制作。艺术区与科学探究相结合常体现在科技小制作方面。

科技小制作是指幼儿利用各种各样简易材料，模仿制作一些具有一定科学性、技术性，体现科学原理的作品。科技小制作既体现了艺术创作的特点，也体现了科学探究的特点，是二者的有机结合。在进行科技小制作的过程中，幼儿不仅能够提高对于“科学概念”的应用能力，还能提高动手创作的能力。教师在引导幼儿进行科技小制作的时候，应注意以下几点：

(1) 科技小制作不是美工创作。

科技小制作与美工创作不一样，科技小制作是借助美工创作的形式，进行科学探究的一种方式。因此科技小制作一定是科学的，所制作的作品是基于一定科学原理的。例如，同样是制作吉他，第一名幼儿做了一个吉他模型，并在模型上“画出”了琴弦，第二名幼儿也做了一个吉他模型，使用了皮筋等有弹性或者拨动后可以振动发声的材料作为琴弦。明显地，前一名幼儿的制作就属于普通的美工制作，后一名幼儿的创作就属于科技小制作。

(2) 科技小制作是创新不是模仿。

科技小制作的中心在于创新而非模仿。幼儿科技小制作的作品应该具有新颖性和创造性。幼儿的科技小制作材料并不是高深、尖端的科学材料，而是许多生活中常见的甚至是被作为废品的材料。幼儿采用这些材料进行科技小制作，是一种思维的过程，更是一种创造的过程。在创造的过程中，幼儿更能体验到探究的快乐。

幼儿在制作过程中的创新可以体现在选择材料的创新、组合方式的创新、探究角度的创新、制作形式的创新甚至装饰作品的创新。如，在一次科技小制作课上，教师将电动的小风扇放在玩具船的后方，让玩具船在水里动了起来。幼儿自己用纸做了小船，也想用电风扇作为“发动机”，可是发现纸船太轻，风扇太重会把纸船压到水里。教师引导幼儿思考除了风扇还有什么东西可以产生“风”，并提示幼儿相应的材料的大概位置。幼儿发现了气球，于是将吹起来的气球作为了纸船的“发动机”。

(3) 科技小制作要遵循一定的步骤。

每个科技产品都是基于一定的科学原理设计的，具有其自身的内在逻辑性。因此在科技小制作的过程中，应遵循一定的步骤。如果没有按照一定的步骤进行，可能会产生不一样的结果。教师在指导的过程中要强调必要步骤的顺序。

拓展阅读

案例——神奇的潜望镜（大班）

活动目标

用牙膏盒和镜片制作潜望镜。

材料准备

牙膏盒两个、与牙膏盒同宽的长方形镜片两块、绿色即时贴纸一张、透明小胶带一卷、工具刀一把、剪刀一把、托盘一个。

制作过程

1. 在一个牙膏盒一端切出一个边长为3厘米的正方形，在有切口面的对面的另一端切出一个同样大小的正方形。

2. 从切口处把两个镜片分别插入，粘好，使其与牙膏盒的顶面和底面均成45度角，镜面与镜面相对。

3. 把另外一个牙膏盒平均截为两段，去掉盖子，用透明小胶带分别固定在已安好镜子的牙膏盒两端的正方形切口上。

4. 用绿色即时贴纸进行外部包装。

5. 神奇的潜望镜制作完成，幼儿拿潜望镜到户外进行观察。

资料来源：毛瑞花. 小世界 大科学：幼儿园科学教育撷英. 石家庄：河北教育出版社，2016：93.

5. 阅读区科学探究活动的实施与指导

阅读区的科学探究活动主要是以阅读与科学相关的绘本、故事、科普画册等方式进行的。相比较直接的动手操作，阅读区的科学探究活动能够借助一些可爱的人物形象、有趣的故事情节、强烈的幻想氛围、多彩的图片画面又或是朗朗上口的音韵，以故事的形式带领幼儿进入科学探索的世界。整个过程自然且有趣，符合幼儿的兴趣和特点。并且在阅读的过程中，即使没有成人在场，幼儿也可以独自阅读并在阅读中获得相应的科学知识。教师在指导时应注意以下几点：

（1）选择“科学”的科学读物。

相比较其他更重视语言能力的阅读材料，科学性的阅读材料一定要具备科学性。这不仅指其内容要与科学主题相关，还指其内容的科学性，即阅读材料的内容一定要体现科学的逻辑顺序及科学的严谨性。例如，许多幼儿科学读物，除了以故事、实验的方式呈现科学内容以外，还会再专门设置一个“科学小知识”的部分，帮助幼儿阅读时能够了解故事背后的科学道理。即使幼儿可能不会真正理解其中的科学知识，但是幼儿在阅读过程中获得一定的经验基础，对其将来的科学学习与探究有积极的影响。

（2）从幼儿的兴趣出发。

早期的科学阅读材料不是普通的科普书籍，而是服务于幼儿的。单纯的理论知识脱离了幼儿的经验和认知水平，对于幼儿来说就是枯燥、无聊的，也就使其没有继续读下去的欲望。只有让幼儿感受到趣味性的阅读材料，才能保护和激发幼儿的阅读、学习的兴趣，使得幼儿在轻松愉快的情绪中获得知识。具体来说，故事性强，图文并茂、以图为主，色彩鲜艳的读物较受幼儿的喜欢。例如，绘本《是谁嗯嗯在我的头上》，通过小鼹鼠寻找自己头上的便便的旅程，来向幼儿展示不同动物便便的不同形状。整个故事生动有趣，幼儿在认知动物便便特征的过程中完全没有感受到枯燥，甚至没有发现自己正在“学习”。幼儿在潜移默化中就获得了丰富的科学知识。

（3）给予幼儿自己思考的空间。

一本好的早期科学阅读材料不仅仅是图片越多、色彩越鲜艳、制作越精美越好。如果只有表面的热闹，没有对幼儿的发展起促进作用，这样的阅读材料也没有什么教育的意义。因此在选择阅读材料的时候，应该选择具有一定发展性和教育性，引起幼儿思考的材料。在科学读物中，留有一定的空白和想象余地的画面和叙述更能引发幼儿的思考和探究。例如，绘本《想吃苹果的鼠小弟》讲述了不同的动物如何利用自己的特长摘到树上的苹果。在揭示动物是如何摘到苹果的画面之前，只有动物和鼠小弟、苹果树单独的画面。这样的画面就是一种留白，在揭示答案之前给予幼儿自己思考的时间。

6. 积木区域科学探究活动的设计与实施

积木区看似是与科学探究活动联系度最小的区域，其实，如果认真观察和设计，也可以在积木区发现许多与科学相关的活动。搭积木之前，孩子要先有一个计划，下面搭什么，上面放什么。这些都对培养科学思维大有好处。积木中的排列、接合、环形、对称等都对孩子的认知发展有好处，有利于孩子数概念的早期培养。积木区中与科学相关的知识可以有以下几类：

（1）有关力学的知识。

积木搭建中有许多关于力学的原理。比如不同大小、形状的积木的稳定性是不同的，同一种积木的不同摆放方式也会有不同的稳定性。如在幼儿搭建积木的过程中，通过不断尝试和摆弄，会发现长方体横着放比竖着放的稳定性更大。

（2）关于形状、空间方位的知识。

积木尤其是单元积木本身就是立体几何图形，幼儿通过建构作品将若干积木组合到一起，并通过不断的旋转尝试，认识到积木的形状、大小，潜移默化地积累了几何图形的分解与组合经验①。

以上各区域中举出的与幼儿科学探究活动相结合的例子都只是幼儿园众多探究活动中的一角，并不能代表所有的区域中的科学探究。教师要想真正在区域活动中做好对幼儿的科学教育，需要具备对幼儿身心发展水平的全面了解，对基础科学知识的掌握，对幼儿平时区域活动的观察记录，以及对科学教育活动的不断反思与总结。总之在各区域活动中融入科学教育，需要教师的辛勤付出。

第三节　科学探究游戏的设计与指导

爱玩是幼儿的天性。游戏能够满足幼儿活泼好动、好奇心强、自制力差的年龄特点，是幼儿学习的重要方式。游戏是一种创造性活动，蕴含着巨大的教育潜力。将游戏与科学教育相结合，扩展了幼儿科学教育的途径。在这里我们需要说明，与上一章所讲的科学小制作、区域活动等有区别的是，本章中的科学游戏强调的是一种有情境、角色、道具、规则的模拟活动。此外，本章中的游戏专指在幼儿园进行的游戏活动。

---

① 陈馨．提升大班幼儿积木建构水平的实践研究．上海：上海师范大学，2018.

一、科学游戏的特点

游戏中的科学探究利用游戏的情节和任务以提高幼儿的科学素养。游戏中的科学探究活动具备以下特点：

（一）教育性与游戏性相结合

科学游戏一定是以游戏为载体的，通过将科学原理设计为游戏活动来引导幼儿进行操作学习。因此游戏性也是科学游戏的重要特点。例如，教师在讲解了“磁铁”的主题活动之后，可以组织幼儿利用磁铁能吸附铁块的特性来设计一个“钓鱼”的小游戏。磁铁作为诱饵，将铁块装饰成小鱼。这样幼儿就可以在“钓鱼”的欢乐游戏氛围中体验和运用“磁铁能吸附铁块”的科学原理了。科学游戏是教育性与游戏性的结合，游戏是教育的一种方式，与纯粹的娱乐性活动相比，科学探究中的游戏具有一定的教育性。科学游戏是一种经过教师精心设计的有计划、有目的的蕴含教育意义的活动。

（二）科学性是区别科学游戏与一般游戏的重要特征

科学游戏的设计一定要包含一定的科学原理、科学知识和科学材料。这里的科学性包括两个方面：一方面是指教师设计的科学游戏应该是与科学相关的，是基于一定科学原理的，符合事实和规律的。例如，在设计游戏的时候，不能出现“太阳和月亮挨在一起出现”“冬天里出现蛇的角色”等不符合科学的情境。另一方面，教师设计的科学游戏的内容应该符合科学原理，遵循客观规律，设计的难度水平应该是基于幼儿的年龄阶段，符合幼儿认知发展规律的。

（三）科学游戏是有规则的模拟活动

游戏是一种有情境、角色的模拟活动，这也是游戏区别于其他区域活动的重要特征。游戏需要给幼儿创造一个虚拟的场景，引导幼儿扮演某一角色，在某一设定的虚拟场景中，运用一些道具来进行科学活动。如，在前面提到的“钓鱼”游戏中，幼儿扮演着渔夫的角色，磁铁是鱼饵，铁块是鱼，游戏的情境是钓鱼。此外，只要是游戏就必须遵循一定的规则。一定的规则要求不仅有利于游戏活动的顺利进行，培养幼儿遵守规则的良好习惯，还能保证活动能够按照一定的科学逻辑顺序进行。因此，教师设计的规则要具体、适宜。

（四）科学游戏是丰富多样的

对于不同的科学原理，会有不同的科学小游戏。对于同一种科学小游戏，也会有不同的科学原理。教师在设计游戏时可以在游戏形式、游戏情境、游戏道具等方面进行创新，尽量考虑多种形式的游戏，既增加幼儿愉快的情绪体验，还能通过这种隐性的反复操作，加强幼儿对某一科学原理的理解。

二、幼儿科学游戏的设计与实施

按照游戏的结构化程度可以将幼儿科学游戏分为自发性科学游戏、探究性科学游戏、规则性科学游戏。下面介绍一下不同类型科学游戏的组织与实施：

（一）自发性科学游戏

自发性游戏是教师对游戏材料和玩法不做任何设计，如何玩，用什么来玩，这些都由幼儿自主决定。游戏过程具有极大的不确定性，幼儿在游戏中充满自发的、无意识的学习。游戏目标和主题是由幼儿自己提出来而不是教师强加的，游戏规则是内在的，而不是外部强加的。自发性游戏包括角色游戏、建构游戏、表演游戏、无规则的运动性游戏等。

1. 角色游戏

角色游戏是学前期最主要的游戏活动类型。角色游戏是指幼儿以模仿和想象，可以通过扮演角色创造性地反映周围生活的游戏。在角色游戏中也可以融入一些科学教育的内容。如“我是小厨师”可以使幼儿认识粮食、蔬菜和其他各种食物的名称及用途等。“娃娃家”中“家用电器”的摆放，会使幼儿认识到科学在家庭中的运用。“玩具店”里的货架上所放的电动玩具，如电动火车、声控汽车、机器人、火箭等，不但丰富了幼儿的科学信息，更会唤起幼儿对电、声、光的好奇和对现代科学的探索。“百货商场”的柜台上摆满了五谷杂粮、水果、蔬菜、糖果、饮料等，这样他们就会更加准确地掌握各种食品和物品的名称、特点及用途等，同时也进一步认识了货币之间的关系，提高了数学方面的能力。“人民医院”中的“小医生”给“小病号”看病治疗，通过“各种医疗器械的使用，开药，打针”，幼儿自然而然地学习和探索了人体、医药和卫生方面的科学知识。

2. 建构游戏

建构游戏是幼儿使用各种不同的建筑材料和跟建筑活动有关的各种动作来反映周围生活的一种游戏。它和角色游戏活动一样，都是通过想象活动创造性反映周围事物。它不但能增进幼儿对周围事物的正确认识，也能发挥幼儿的观察力、想象力和分析、判断、概括等思维能力，使其提高一定的技能。建构区的游戏有些类似上一章中提到的“积木区中的科学探究”。只是在上一章中主要强调积木区可以与科学探究相结合，本章中更强调具体的在积木区的建构游戏过程。在积木区中，幼儿可以通过建构游戏进行科学探究。例如，中、大班幼儿通过建造“铁路”“大桥”“公园”“娃娃城”等游戏活动，识别了长短、宽窄等概念，也体验了上下、左右、前后、中间、旁边等空间方位，特别是在运送、拿放、搭摆建筑材料和设计建筑当中，自然而然也会接触到一些力学、几何学、平衡等方面的科学知识。

3. 无规则的运动游戏

无规则的运动游戏指幼儿自发的、非教师规定的，为达到特定的教学目的而设计的体育游戏。如在户外活动时间，拍球会让幼儿体验到弹力，骑小三轮车使幼儿认识圆轮的滚动和惯性，滑滑梯会帮助幼儿理解斜面的滑动，跷跷板会促进幼儿认识平衡。在户外活动中，幼儿会很容易注意到影子，幼儿一起玩踩影子的游戏，在游戏中学习怎样使自己的影子变长，又怎样变短，以及怎样才能使自己的影子消失。在此游戏中，幼儿积极动脑筋创造多种方法踩影子，从中他们亲身体验了“光和影子”的关系，满足了身体运动的需要。

拓展阅读

指导自发性游戏的注意事项

在自发性游戏进行的过程中，教师作为旁观者，可以更真实、深入地观察到幼儿游戏的各种现象。如孩子们偏爱哪类科学游戏，哪些玩具能引起孩子们的科学发现，游戏时空是否合适，材料的投放是否有问题，幼儿的科学素质和科学经验水平在哪些方面有了进步，还存在什么问题，等等。旁观为教师的科学启蒙教育提供依据，为教师给幼儿提供怎样的科学材料、准备怎样的知识经验提供线索，使教师能更好地在自发性游戏中渗透科学启蒙教育。

（二）探究性科学游戏

探究性科学游戏是指教师根据幼儿的认知兴趣和知识经验，选择适宜的科学教学内容，由教师提供相应的材料、环境，让幼儿在实际操作中通过自身的探索去发现科学现象或浅显的科学原理的游戏。在这种活动中，幼儿通过发现式学习，获得科学情感态度、科学的方法和特定的知识经验。探究性科学游戏多发生在科学区、自然角、沙水区及美工区。

拓展阅读

案例——奇妙的电池

在科学探索区教师为幼儿准备了各种型号的电池、电动玩具和小电器，让幼儿尝试给自己最喜爱的玩具和小电器装上电池。过了一会儿，有的玩具动起来了，而有的玩具仍然一动也不动，幼儿手里拿着玩具焦急地看着老师，老师也不教他们怎么装，只是鼓励他们仔细地观察电池和玩具。终于，幼儿发现了电池上的“＋”和电动玩具安装电池处的符号，并从“＋ ＋相对”“－ －相对”的有趣现象中找出了玩具不会动的原因。为了巩固幼儿对电池的“＋”“－”的认识，教师又开展了“给生活区送电”的游戏。游戏中：有的幼儿发现，只用了一节电池“生活区”的灯就亮起来了；有的幼儿发现，如果用两节电池“生活区”的灯就更亮；还有的幼儿把三节电池连接起来，“生活区”的广播就响起了音乐；更有几个幼儿兴致勃勃地把许多节电池连接起来，却发现小灯泡全“烧”了……通过这个游戏，幼儿不仅学会了电池的连接，还对电池的个数和亮度的关系以及电池太多小灯泡反而烧坏等一系列物理知识有了粗浅的认识。

在以上探究性科学游戏中，教师没有花过多的时间向幼儿讲解深奥的、超越幼儿认知电学原理，而是充分发挥幼儿的主体作用，让幼儿在宽松自由的活动环境中大胆尝试怎样才能使电动玩具动起来，促使幼儿自己动手动脑，寻找答案，教师则在其中进行适时适度的点拨、引导。在此案例中教师只是鼓励孩子们仔细地观察电池和玩具，促使幼儿打破原有的平衡的认知结构（电动玩具在放进电池后就可以动），向新的认知进行平衡转化（认识电池上的“+”“−”和电动玩具的安装电池处的符号，了解“+ +相对”“− −相对”，电动玩具才可以动），同时在这种不断发现和成功中探索关于电池的使用，又极大地激发了他们的求知欲望，去进一步探索关于电池的使用。

探究性科学游戏也可以发生在集体教学活动中。例如，在以下案例中，教师采取游戏和教学结合的方式，这种游戏发生在集体教学的过程中，游戏的目的是为教学做铺垫。在本案例中，教师组织“小老鼠打电话”的游戏，为游戏后的教学做铺垫。

拓展阅读

案例——有趣的电话

教师以“小老鼠打电话”的游戏贯穿整个活动。幼儿扮演小老鼠和猫，活动材料是由两只一次性杯子制成的电话机，第一次游戏时，纸杯内没有塞东西，由小老鼠们对着电话机互相传递消息，小老鼠们听到消息，都跑到了安全的地方，没有被猫抓住；第二次，教师在为幼儿提供的纸杯内塞了东西，这样从听筒里听不到声音，小老鼠们由于没有听到消息而被猫抓到。游戏结束后，教师让幼儿分析小老鼠被猫抓到的原因，支持幼儿感受声音传递的奥秘。

（三）规则性科学游戏

规则性科学游戏指至少有两人参与，按照一定的规则进行的包含一定科学知识或科学原理的游戏活动。这类游戏往往具有“规程性”、“竞赛性”和“文化传承性”等特点。在规则性科学游戏中幼儿是练习性学习，目的是巩固已有的知识经验。规则游戏主要包括智力游戏和感官游戏等。

1. 拼图游戏

幼儿玩“智力拼图”的游戏，不但加深了他们对各种图形的认知和辨别，还提高了运用图形拼出各种物体图案的技能。“布图构图”是幼儿十分喜爱的一种智力游戏，即把钉了若干小扣子的大幅布面挂在墙上，让幼儿把用木板画制的花草树木、风云雨雪、各种动物等随意地扣上去，于是他们按照对事物的认识和一定的科学规律制作了“春夏秋冬”四季图、“海底世界”等各种图画。幼儿在小肌肉群运动中进一步学习、体验一定的自然科学知识并发展了想象力和创造力。

2. 配对游戏

配对游戏是将绘有科学内容的各种小图片分发给幼儿，游戏双方（或多方）的图片内容都有一定的联系。由一人先出示一张图片，另一人出示与前一张图片内容相关的“对子”对上。配对的范围包括事物的名称、特征、功用、习性等，如“小动物找耳朵”。

3. 棋类游戏

幼儿玩“分类棋”的游戏，会使幼儿进一步体验事物间的相互联系，并在玩中掌握分类知识。

拓展阅读

分类棋的玩法

棋子画面分四类：动物类、花卉类、人物类、水果类。每类五个画面，幼儿协商分配各人所找类别，猜拳决定谁先开始，摸到棋子后，不能让别人看到画面，如果是属于自己所找类别的，画面朝上摆放在自己一边，反之放回原处，记住下次不再摸该棋子。大家按顺时针方向轮流摸棋子，先集齐同类别五个画面者为赢家。层次变化：先玩四个一级概念——动物、人物、花卉、水果；再玩四个二级概念，如爬行动物、兽类动物、鸟类动物、鱼类动物。以此类推，难度逐渐加深。

4. 接龙游戏

接龙游戏，即在图片的两端各画一种图形，要求幼儿将相关内容的图片接在一起，可以根据动物吃食将相应动植物连接，或根据不同季节相应生长的植物、花卉进行连接等。

5. 感官游戏

这类游戏主要是让幼儿运用感觉器官感知辨别自然物体的属性和功能。感知游戏包括视觉游戏、听觉游戏、嗅觉游戏、触觉游戏等。

拓展阅读

指导规则游戏的注意事项

规则游戏中游戏规则应该简便易行，并能保证游戏的顺利开展和幼儿的安全。因此，教师必须要清楚地交代游戏规则，简洁明了、语清意明，切忌含糊其词。例如，“奇妙的口袋”的感官游戏，要求是发展幼儿的触觉和了解物体的属性，因此要求幼儿在触摸口袋内物体时，必须闭上眼睛，直到辨别出物体的属性，讲出名称后才能睁开眼睛。“闭上眼睛”，就是要求幼儿执行的规则。幼儿如果不遵守规则，游戏就不能达到预期效果了。

实施科学游戏的基本步骤

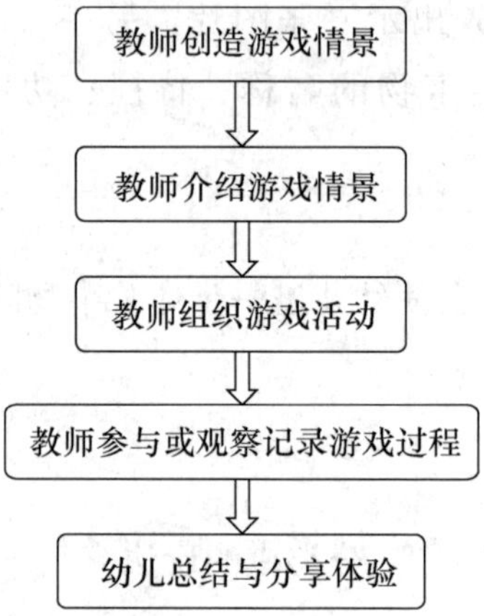

第四节　生活中科学探究活动的设计与指导

幼儿园的一日生活是幼儿在园的各个环节所发生的一切活动的综合，是没有边界的，是整体的。幼儿在生活中学习就是综合地学习、整体地学习。幼儿园一日生活中每个环节都有科学教育的契机，也是对幼儿进行科学教育的重要途径。本章主要讨论幼儿一日生活中的科学探究活动。需注意的是，本章中讨论的生活活动是狭义的生活活动，主要包括幼儿在园的进园、早操、盥洗、进餐、如厕、饮水、午休、离园等常规型活动，以及幼儿在园各个活动之间的过渡环节，还包括幼儿园的物质环境、组织制度、精神风气、人际关系等。

一、生活中的科学探究活动的特点

科学是研究各种自然现象，寻找它们产生、发展的原因和规律的一门学科。科学并不遥远，科学就在我们的身边。所谓优秀的幼儿科学教育，并不是指教给幼儿多么复杂、深奥的科学知识，让他们掌握多么熟练的操作能力。幼儿的科学探究是对幼儿科学素养的启蒙，而生活就是幼儿科学启蒙的最佳教材。幼儿的学习是以直接经验为基础的，是在日常生活中进行的。将科学活动与幼儿的一日生活相结合，不仅符合幼儿的学习特点，还为幼儿的科学教育提供了更广泛的空间。生活中的科学教育最重要的特征就是科学和生活的紧密接触。生活中的科学教育应该是存在于一日生活活动的各个环节和流程之中的。在选择科学教育的内容时，就应以幼儿的社会生活为基石，选取幼儿身边的物和事来组织活动。

在教育过程中：一方面要关注幼儿最关心或者与幼儿有直接联系的现实生活，采用观察、探究、实验和操作的方法，激发幼儿知、情、意的全身心投入；另一方面要不断扩大幼儿的生活空间和活动范围，激发幼儿的广泛兴趣与求知欲，保持和延伸幼儿的好奇心和求知欲。

1. 教育的隐性

与其他途径的科学探究活动相比，生活中的探究活动是一种隐性的教育，以一种间接的、隐性的方式，蕴含在幼儿一日生活的各个环节，幼儿园的物质环境，教师的语言、行为、态度等方面当中，对幼儿关于科学概念、行为、信念、能力等方面的科学素养产生潜移默化的促进作用。例如，在幼儿喝水的过程中，教师可以对幼儿说："多喝水，就会想上厕所，身体里不好的东西也会随着水排出去了。"教师隐性地将喝水的益处及人体排毒的方式之一传递给幼儿。生活中的探究活动是在现实的生活中自然而然发生的，与教师有目的的预设的教学活动不同。

2. 情境性

幼儿产生问题的时候，往往是具体的问题情境引发了幼儿的疑惑和思考。例如，幼儿A靠近一个装有水的玻璃瓶，看着里面的水，对面的幼儿B发现隔着中间的瓶子，幼儿A的眼睛变大了，由此产生了疑问。

拓展阅读

放大镜原理

放大镜原理：放大镜是由凸透镜做成的，凸透镜对光线具有会聚作用，平行于主光轴的光线通过凸透镜会聚集成一点，即凸透镜的焦点，焦点与光心（凸透镜的中心）的距离是焦距。当物体在凸透镜焦距以内，便呈现出一个正位放大的虚像。

玻璃瓶放大镜：光线进入玻璃和水后，发生了折射。玻璃瓶的表面是弯曲的，折射出来的光线的角度发生了变化，装了水的玻璃瓶此时就相当于一个凸透镜，使物体看起来比原来的大。

3. 偶发性

生活中随时随地都有可能发生一些教师无法提前安排和估计的科学现象，激发幼儿的好奇心及探索欲望。此时的科学教育就具有一定的偶发性。教师需要能够敏锐地观察到生活中对幼儿的教育契机，因势利导抓住机会，解释幼儿的问题，甚至可以开展专门的科学探究活动倡导全班对幼儿的问题进行探究。

4. 自发性

生活中的科学教育不是教师事前计划的，或者并不在教师科学教育计划设计的范围内，而是幼儿在自己活动或兴趣的基础上，自发形成并主动探究的。

5. 易忽略性

生活中的科学现象较多，且隐性，也较零碎，教师如果没有专门有意识地注意和观察，或者缺乏一定的科学常识经验，往往会观察不到幼儿学习的过程或认识不到它的价值，错失教育的机会。

二、生活中的科学探究活动的实施

一日生活是幼儿在幼儿园一天的全部经历。幼儿园一日生活的各个环节或者各种活动都可以让幼儿积累相应的科学经验。幼儿的一日生活可以分为幼儿园一日常规活动、家园合作活动以及偶发性活动三个部分。

（一）生活中幼儿科学教育的实施要点

1. 密切联系生活，利用生活资源进行科学教育

生活中的科学探究活动是与生活密切联系的。教师要巧借生活中的科学现象作为科学教育的内容，利用生活中的资源作为科学探究的材料。引导幼儿保持对生活中事物的兴趣和敏感度，不仅有利于幼儿对生活的热爱，还利于幼儿探究精神的培养。

2. 抓住教育契机，将幼儿的问题与发现转化为科学教育

幼儿生活中的科学探究具有偶然性和自发性，教师需要关注幼儿的活动，抓住对幼儿进行科学教育的契机，将幼儿在生活中的发现、问题转化为具有科学意义的教育，以培养幼儿的科学素养。

3. 培养幼儿解决日常生活中的实际问题的能力

幼儿的问题与发现来源于生活，同时也应以解决生活实际问题为目标。教师应以科学教育为手段，引导幼儿在科学探究的过程中获得一定的生活经验，为其解决生活实际问题。

4. 为幼儿提供丰富的生活经验

教师可以扩大幼儿的活动场所的范围，丰富幼儿活动的形式，提供给幼儿多样的工具材料，扩充幼儿的生活经验。幼儿经历越多的生活经验，就越可能产生“同化”“顺应”的过程，从而使幼儿的认知结构得到发展。

（二）生活中幼儿科学教育的实施

1. 幼儿园一日常规活动与科学教育

幼儿在园的一日生活活动主要包括入园、做操、盥洗、喝水、如厕、进餐、活动、睡眠、离园、安全等环节。幼儿园园内生活中常见的科学活动，可以用表5-1总结。

表5-1　　一日生活常规中一些科学设计的问题

生活活动	可以进行的科学活动主题	举例
入园	天气、气温、日期、衣物、健康	雨、云的产生，今天星期几，四季的衣服，生病了怎么办
做操	运动、体育器材、空气、健康、身体	运动的种类、好处，会跳的皮球、跷跷板原理，空气在哪里，身体的器官
盥洗	卫生、细菌与消毒、健康、自来水、水龙头	肥皂、洗洁精的作用，细菌的好处与坏处，自来水哪里来，各种各样的水龙头
喝水	水、喝水的益处、其他生物也要喝水、饮水机、可饮用水	水的来源、水污染、水的形态变化，如何喝水，植物怎样喝水，饮水机的原理，水的过滤
如厕	排便、大便、尿液	排便的原因，大便和尿液的产生原因及对人体的重要意义
进餐	食物、消化系统、消化器官、漱口、餐具、厨具、饮食习惯	吃饭是为了生存，不同食物的属性、食物的营养、食物的来源、饮食文化历史，消化器官的种类和作用、消化的过程，牙齿保护，餐具和厨具的介绍，良好的饮食习惯
活动	集体活动、区域活动、户外体育、游戏活动	详见前几节内容
睡眠	睡眠、枕头、打瞌睡、打呼噜、睡姿、梦	睡眠的必要性，枕头的作用和种类、历史，打瞌睡、打呼噜的原因，良好的睡眠习惯，睡姿能决定吗，什么是梦、产生梦的原因
离园	交通工具	交通工具的种类、特点、历史等
安全	饮食安全、用电安全、交通安全、消防安全	相关的危险有哪些，产生危险的原因，危险的后果，如何避免危险，发生危险应该怎么做

以上列出了一日生活常规中的一些科学设计的问题，当然这只是抛砖引玉。同时还要强调这些问题的解决。幼儿科学教育是渗透的、整合的，需要主题活动、区域活动的配合，但这里强调的是教师在日常生活中要有科学教育的意识。

拓展阅读

案例——喝水

幼儿园的一日生活中，教师在组织幼儿喝水时经常遇到幼儿因为水温太高需要等待的情况。对于大班的孩子来说，当他们想喝水但因为水很热不能喝时，他们会不会自己想个办法呢？对于这个问题，我和幼儿一起集思广益，探讨了使热水变凉的方法。我提出“怎样让水冷下来”的问题，请幼儿分组讨论。有的小组提出搅拌水、两个杯子互倒、用嘴吹等方法，有的小组提议往水里添加冰块，有的小组提议把热水放到冰箱里……最后我们总结出：增加空气流通、往热水里添加冷的东西、增加热水与冷空气的接触面积都能使热水快点变冷。

资料来源：董旭花．幼儿园优秀科学活动设计88例．北京：中国轻工业出版社，2013：122-124.

2. 家园合作与科学教育

除了以上的在幼儿园常规活动中实施的科学教育，教师还可以在家园合作中进行科学教育活动。让家长感受幼儿园科学教育研究活动的意义，引导并积极带动幼儿关注生活中的科学，对于幼儿科学教育生活化和构建幼儿科学知识经验有着极其重要的促进作用。家园合作可以双向进行，即可以引导幼儿在家中进行科学探究，或者邀请幼儿家长来园，以亲子活动、家长开放日、亲子远足活动等形式进行。

（1）调动家长自愿挖掘生活中常见的科学现象。

拓展阅读

案例——节约用水

一次户外活动结束后，幼儿回到活动室准备洗手、喝水，可是打开水龙头却一滴水也没有（教师事先关了总闸）。这引起了孩子们的焦虑和思考：水怎么会没有了？是不是让我们用完了？他们猜测着。过了好一会儿，教师才打开总闸，让孩子洗了手，喝了水。之后提出问题：没有水会怎么样？让孩子们热烈地交流，并暗示节约用水给我们的生活带来了方便。为了让孩子进一步了解缺水的危害，教师请孩子们回家后和爸爸妈妈一起讨论没有水会怎么样。第二天，孩子们便把和爸爸妈妈一起画的画、设计的保护水资源的标记拿来讲给大家听，这次活动给孩子们留下了深刻的印象。

（2）举办科技节。

幼儿园可以每年举办一次科技节，每次科技节为期一周。在这一周内，幼儿园可以组织设计一系列的科技活动，从环境创设、区域活动、宣传活动、家长活动、日常渗透等多个方面入手。

（3）科学探索之旅。

幼儿园可以定期组织“欢乐大家庭”活动，以家庭为单位由家长发起组织幼儿外出参观，拓展幼儿科学教育空间。如：参观汽车修理厂，了解汽车修理的一般程序；参观牛奶厂，了解奶牛的养殖方法，以及机器挤奶、牛奶消毒、牛奶包装等方法。外出参观活动可以大大拓展幼儿的视野，使幼儿看到更多幼儿园以外的科学现象，既增长科学知识，又丰富生活经验，更重要的是让幼儿有了更多的科学体验。

3．偶发性活动与科学教育

偶发性科学活动是在教师完全没有计划的情况下，由于周围环境中某一有趣现象或有趣事物的出现引发了幼儿的好奇心，使其产生浓厚的观察和探究兴趣，随即自发投入的一种科学探究活动①。幼儿的偶发性探究活动常由偶然的情境引起，具有不可预测性、随机性、多变性的特点。事件发生的时间、地点并不固定，探究过程多样、多变，幼儿是发起活动的主体，具有强烈的内在探索动机。教师在进行偶发性探究活动中应注意以下几点。

拓展阅读

案例——地面上的花纹

户外活动时，一幼儿发现地面有许多花纹，问另一幼儿：“看这车轮印的都是花，多漂亮呀！车轮上刻那么多花干吗？”另一幼儿说：“好看呗！”教师听见后问他们：“你们的鞋底有没有花纹？”幼儿齐声说：“有啊。”教师又问：“如果鞋底一点花纹也没有，很光滑，你们穿不穿？”幼儿说：“不穿！”“为什么呢？”“因为穿上会摔跤。”“那你们想想汽车的轮胎上为什么要有花纹呢？”“如果冬天路面上都是冰，还能用什么办法？”幼儿七嘴八舌地讨论起来。轮胎上的花纹引起幼儿的好奇，而教师的积极引导使其成了有益的科学教育活动。

资料来源：张俊．幼儿园科学教育活动指导．北京：人民教育出版社，2008：185.

（1）要注意观察幼儿的行为，发现和了解幼儿的科学探索活动。

教师养成仔细观察、善于发现的好习惯是有效指导偶发性科学探究活动的关键。偶发性科学探究活动具有随机性和不可预测性，假如案例中的教师不能仔细观察、及时抓住引导的时机，那么幼儿探究和获得科学知识的机会就很可能流失。幼儿关心身边的一切，自然界里有各种事物和现象，其中很多都是幼儿感兴趣的内容，教师应及时捕捉这些能激发幼儿思考的闪光点，给予他们充分自由探索和相互交流的机会。

（2）正视幼儿的问题。

幼儿的科学教育应当关注幼儿在日常生活中提出的问题，通过对幼儿问题的关注，从中寻找具有价值的问题。为幼儿解决这些问题创设环境和条件，引起幼儿对自己的问

① 张俊．幼儿园科学教育活动指导．北京：人民教育出版社，2008：178.

题的探究，这就是在生活中对幼儿进行科学教育的最好方式。教师丰富的知识积累和科学求实的精神是有效指导偶发性科学探究活动的前提。但在信息技术高速发展的今天，不是所有的问题教师都可以解决。这就要求教师摆正心态，和幼儿一起尝试寻找问题的答案。如果真的遇到无法回答的问题，那么就留给幼儿一个充满遐想的空间，比如："也许这个世界没有人知道它的答案，说不定你会是这个世界上第一个发现答案的人呢！"

拓展阅读

案例——"小问号"罐子

皮亚杰的认知理论认为：在幼儿阶段，情感的发展、社会性及自我意识的发展使幼儿急需自我探索、主动参与、表达意见的机会，他们必须通过活动才能形成自我的世界观和思考的方式，应让他们从问题出发，自己主动地发现知识，不断动手操作，动脑思考。根据这个理论，我曾在班上设置了"小问号"罐子。一次清清（化名）小朋友在纸条上提出了这样一个问题："晚上的时候，太阳跑到哪里去了呢？"为了解答她的疑问，我把储存室的窗糊上纸，改建成一个简单的暗房，并准备好一个地球仪和手电筒。实验前，我先教给幼儿地球分东、西两半球的知识，然后，把孩子带进暗房，用手电筒发出的光模拟太阳光照射到地球仪上，一起观察地球仪上东、西两个半球受光的情况。在观察中，清清找到了规律："老师，老师，太阳刚好照到地球的一半。"我马上肯定了她的发现，同时引导幼儿说出：如果太阳光照在西半球上，西半球就是白天，背着太阳的东半球就是黑夜；相反，如果太阳光照在东半球上，东半球就是白天，背向太阳的西半球就是黑夜。幼儿通过自己的操作、观察、分析得出白天与黑夜形成的规律。成功的喜悦更加激发了幼儿探索科学的热情。

资料来源：罗志芳. 浅谈偶发性科学教育活动中教师的指导. 学前教育研究，2000（6）：51.

（3）及时围绕问题，指导幼儿亲自实践。

案例中的教师作为幼儿的支持者、合作者，及时发现并正视幼儿的问题，围绕幼儿的问题，为幼儿提供物质条件并指导其亲自实践。

第五节 园外科学探究活动的设计与实施

一、远足活动中科学探究活动的实施

随着科技的不断发展，越来越多的孩子从幼儿园开始就已经成为"手机族"，

“宅”在家中，缺少与自然接触的机会。一个对生命和自然缺乏探究和热爱的孩子，也就失去了作为孩子的快乐。自然不仅能够为幼儿提供愉快的情绪体验、原始的感官刺激，还能给幼儿提供探索自然奥秘的空间。对于幼儿来说，体验比知识更重要。

远足活动给予了幼儿亲密接触自然的机会。远足活动是幼儿园根据季节的变化，选择适宜的时间组织的，引导幼儿到距离幼儿园相对较远的、接近大自然的户外场所进行的一种活动，包括踏青、散步、采摘等活动。在这些活动中，幼儿能够充分地与大自然进行亲密的互动，在互动的过程中，幼儿不仅获得了对植物、动物及其生长环境等自然事物的直观体验，还被激发了对大自然的热爱的情感及探究大自然的兴趣。

为了在远足活动中实现对幼儿科学教育的目标，需要教师在远足活动前做好一些准备工作，在活动过程中做一些专门的设计，以及在活动结束后开展一些活动。具体实施措施如表 5－2 所示。

表 5－2　　　　远足活动组织建议

阶段	实施措施
准备阶段	1. 远足活动应该写进课程计划，确定大致的时间。远足的时间要选择在观察对象有明显变化的时候。 2. 根据幼儿年龄及发展状况，教师要明确远足活动的目的，确定远足的地点和观察探究的对象。 3. 选择最安全的路线，并提前勘察场地，确保活动时的安全。 4. 计划带什么装备、带多少。 5. 组织幼儿讨论，了解幼儿对远足的观察对象的已有经验，确定远足的目标和任务，设计教师问题，给幼儿收集的任务。 6. 说明远足中的注意事项。 7. 为了激发幼儿的兴趣，在远足前给幼儿提出一些只有根据远足的结果才能回答的问题。
活动进行阶段	远足活动要以观察为主，伴有讨论的方法，在幼儿观察事物和自然现象的时候，教师可根据幼儿的需要进行解释，并有适时的提问。远足活动中教师常见的提问有三种类型： （1）提问促使幼儿认真观察、描述事实（观察对象的名称、组成部分、属性及作用）。这些问题使幼儿对自然中的事物有初步的了解，帮助幼儿厘清自己的认识，并用语言来表达。 （2）提问促使幼儿进行比较，发现异同，并对其进行概括。这些问题可以激发幼儿的认知过程，尤其是观察对象是幼儿认识的事物，可以使幼儿发现关于对象的新的属性，所以教师在提问前要先比较幼儿的已有经验和观察对象的关系。 （3）提问鼓励幼儿自主进行讨论和总结，并能创造性地表达。

续表

阶段	实施措施
后续阶段	在远足的后续阶段，教师可以采用多种形式来引导幼儿分享在远足探究过程中的收获与感受，延续幼儿对远足探究活动的兴趣。教师可以鼓励幼儿进行以下活动： （1）语言表达。 幼儿可以对远足收获进行总结，分享自己的感受；可以对教师在远足活动前提出的问题进行解答，描述自己的探究过程；幼儿还可以描述除了老师提出的问题，自己在探究过程中还获得哪些新的发现或者问题，提出来大家一起讨论、交流。 （2）作品展示。 通过实物展、绘画展、摄影展等作品来展示自己的探究过程。除了以上有实物的展示，幼儿还可以根据在远足探究过程中发现的科学现象，回到幼儿园进行相关的资料调查或者实验操作，延续在远足中的探究活动。 （3）其他形式。 幼儿还可以讨论活动或角色，以表演游戏等形式分享自己的探究过程与感受。 另外需要注意的是，如果在远足活动中教师注重的是对幼儿科学探究方面的教育，教师在幼儿分享总结过程中就要注意引导幼儿多分享关于“探究自然”的经验。

拓展阅读

案例——户外科学活动

活动目标

1. 在自然中获得快乐体验。

2. 锻炼观察能力。

3. 在大自然中探索新发现。

活动过程

1. 把儿童带到户外，每人找一个地点站立不动。根据具体情况做好判断，可以让儿童站成圆圈，或者站在你视野内的其他地方，也可以让他们在安全范围内自由选择位置。

2. 让儿童站定，脚不准动，观察四周，只有头部和眼睛可以动，鼓励他们发现以往没有留意的新事物。同时要求谁都不准出声，鼓励他们仔细听周围环境中的声音。

3. 过一段时间全体集合，引导儿童讨论看到和听到了什么。儿童可能会注意到交通工具的声音、儿童移动的声音、雪花盖住了路面、地上的一个水洼等等。

提示

通过这个活动引导儿童感知周围世界，管理自己的注意力。也可通过这个活动让玩疯了的儿童安静下来，因此这也是结束户外活动的一个好方法。

如果儿童特别喜欢，可以多安排几次观察活动。开始尝试此类活动时，比较好的做法是当儿童每长大一岁就安排一次这样的活动。

在保证安全的前提下，可以允许儿童离开群体一点儿距离。不受他人干扰时，儿童的观察能力会提高。

活动延伸

为儿童提供一些材料，让他们把听到的声音用绘画的方式表达出来。或者让每个儿童选择一个东西去画，鼓励他们用心观察每个细节。

二、科技馆、博物馆等场馆中科学探究活动的实施

儿童科技馆、儿童博物馆和儿童探索馆可以说是对幼儿园科学区的园外延伸，是一种非正式学习的场所。其中的科技展品、设备道具及活动，都具有一定的科学教育性。幼儿园组织幼儿进行科技馆、博物馆、探索馆的参观，扩展了幼儿学习的场所、途径，丰富了幼儿的学习经验。虽然幼儿对其中的许多展品并不能全面、正确地理解，但是在幼儿进行参观的过程中，有趣、多样、精美的科技展品对幼儿兴趣的激发有重要的促进作用。

拓展阅读

非正式学习

非正式学习是儿童学习的一种重要方式，研究发现非正式学习处处存在于日常生活之中，与结构性的教学距离较远，但会以各种方式对成长中的儿童产生潜移默化的影响。

非正式学习的一种重要途径即是场馆学习（museum learning)。场馆学习是一种基于真实情景的学习，学习过程强调探究的重要性，并会产生多元的学习结果。

资料来源：张艳红，钟大鹏，梁新艳．非正式学习与非正规学习辨析．电化教育研究，2012，33(3)：24-28；伍新春，季娇，曾筝，等．科技场馆学习中社会互动的特征及影响因素．首都师范大学学报（社会科学版)，2010（5)：79-83.

（一）科技馆

自2006年以来，国家先后发布了一系列的政策文件，强调了科技馆资源在学校教育，尤其是科学教育中的重要作用，倡导将科技馆资源与学校教育、实践课程结合起来，促进校外科技活动与学校科学教育有效衔接。对于幼儿来说，科技馆有以下几点优点：

1．激发幼儿对科学技术的好奇心及情感的共鸣

科学技术的产生和发展与人类的好奇心直接相关，幼儿的好奇心、想象力和兴趣是养成创新精神不可或缺的因素。科技馆中的各种展品可以吸引幼儿的注意，帮助幼儿形成最佳心理状态、培养其求知欲和专注精神，从而使其乐意去探索科学的奥秘。科技馆中的主题展览通过展现实物，为幼儿提供科学理论或原理的简单解释。科技馆中一些主题展览非常关注科学学习的多重背景、广度和深度，从而强烈地唤起参观者认知和情感上的共鸣，

争取到观众的积极参与。当下，学生的科学学习过于强调认知的参与，而忽视了情感的作用。引导幼儿参观科技馆，有利于从小培养幼儿对科学技术的情感共鸣，为其将来的科学探究奠定积极的情感基础。

2. 引导幼儿“亲历”科学探索的过程

科技馆教育的本质特点在于它模拟再现了生产活动的实践过程，并且不是简单的模拟再现，而是以学习为目的、经过改造的模拟再现，它创造了引导观众进入探索与发现科学过程的条件。在科技馆里，幼儿可以亲自动手，在经历了操作、观察、体验、发现、探究、思考的过程后，收获的不仅仅是展品所展示的现象和原理，还有观察方法、思维方式等多方面的启迪，以及探究和发现的乐趣。特别是那些以科学发现和科技发明过程为原型的展品，蕴含着科学家在科学探索过程中所体现的科学精神、科学思想、科学方法，可能促成幼儿心灵上的某种升华。动手操作、体验科学过程是科技馆教育中最富有生命力的部分。幼儿在科技馆中的参与、互动与体验，使幼儿从被动接受教育变成主动探索科学知识。

3. 启发科学思考，满足个性化需求

科技馆通过提供多样的科技展品，为参观者创造了丰富多彩的学习和认知环境。幼儿可以根据自己的需要和爱好，在科学的海洋里自由地、积极主动地畅游，并摄取科学的养分。科技馆的各种互动展品和主题展览以最易于接受和理解的形象化手段，启迪不同年龄、不同家庭背景、不同学习经历、不同生活经验、不同认知水平和不同兴趣的幼儿的思维，激发他们的探索精神和创造灵感①。

（二）博物馆

随着博物馆对教育功能的重视与发展，现代博物馆越来越提倡分众化教育，即将教育对象细分为不同群体，并结合每一群体的特点，制定各种教育项目，以加强博物馆教育的针对性和有效性。当前许多国家都开始重视起博物馆对学前儿童科学教育的重要作用，对博物馆进行改造，将博物馆的展览与资源转换为适合幼儿理解的内容，充分调动了他们参观与学习的积极性。

拓展阅读

博物馆的儿童学习空间

据统计，21世纪初美国88%的博物馆提供从幼儿到高中学生的教育项目，为各年龄层的儿童和青少年提供了学习机会，其中学前儿童成为分众化教育的重要对象。例如：纽约科学馆为学前儿童制订了“小小创造家”计划，将STEM（即科学、技术、工程、数

① 刘文利．学校科学教育需要科技馆积极支持．中国教育学刊，2008（3）：46.

学）学习和艺术欣赏融入教育活动；法国国立自然史博物馆和巴黎科学工业城则为学前儿童专门设置了教育活动空间。

学前期是诸多行为和能力的形成期，对个人一生的发展起到了奠基作用。在幼儿进入学校接受正式教育前，博物馆作为重要的学习场所，让幼儿以一个学习者的身份进行自主学习，它以展品为学习的起点，同时展品以空间关系呈现认知概念的关联性。这些特点可以对幼儿的成长产生积极意义：

1. 激发幼儿学习科学的动机，培养幼儿合作与自主学习的能力

博物馆可以激发幼儿学习的内在动机，以及他们持续探索事物的欲望。博物馆为此提供了独一无二的学习机会，使幼儿各方面的能力得到锻炼，其中有两项能力尤为切合幼儿的发展需求，并使他们在日后的生活与学习中获益：

合作的能力。幼儿通常在成人陪同下来到博物馆，他们在参观时向陪同者提问并与之讨论，或是与家长和同龄人合力完成某项任务，共同参与教育活动。在这一过程中，他们逐渐学会如何与他人合作，以更好地适应将来的学校和社会生活。

自主学习的能力。当幼儿进入博物馆时，就开始了自主的学习过程。他们在一个充满新事物的环境中主动寻找学习的机会，对身边的事物进行观察与思考并提出问题。这种学习方式比被动接受知识更容易提高幼儿的学习热情，并为他们的终身学习奠定了基础。

2. 为家长和幼儿园提供教育的辅助场所

博物馆可为幼儿提供合适的科学教育内容，并创建多样的教育环境和探究活动，还可以设计并提供多种资源包括材料指导幼儿利用博物馆资源进行学习。家长和幼儿园若能善用博物馆丰富的资源，博物馆将成为幼儿科学教育的重要辅助场所。

（三）儿童探索馆

儿童探索馆被认为是现代社会开发儿童潜能、对儿童进行早期教育的新形式，其宗旨在于将儿童教育、科学知识、生活方法以及事理体现在游戏之中，培养和提高儿童对科学技术的实践与应用能力，鼓励儿童对自然事物及社会生活产生理解及探究兴趣。儿童探索馆的特点及优势，在于它的高互动性和探索性。这里的互动性与探索性尤其体现在儿童与材料间的互动，以及儿童对材料与现象的探索上。这些特点也造就了儿童探索馆独特的参观和学习体验。在国内，已有部分城市建设了儿童探索馆，如位于北京中国儿童中心的老牛儿童探索馆，上海的互动儿童探索馆，等。不同的探索馆拥有不同的风格和游戏设备，但都可以支持幼儿在游戏中进行探究活动。

儿童探索馆有别于科技馆和博物馆，其主要特点有以下两点：

首先，儿童探索馆展馆的布置、设计等都有别于传统意义上的博物馆和科技馆。儿童

探索馆的展厅内不再是冷冰冰的玻璃展柜或通体展柜，取而代之的是可以触摸、可以动手探索的展品，比如缩小的城市、街道、建筑等的实景互动模型，日常生活用品的可操作材料及重现的生活场景，帮助儿童了解人体、动植物构造的模型玩具，以及飞行器模型制作与发射台等。它的建造与陈列都更适应儿童爱玩耍、好奇、爱模仿等特点，采取体验式教育而不是传统的教授式教育，它将以往博物馆及家长对儿童规定的“不许碰，别乱动”的参观模式改为“随意动，大胆碰”的形式，并且以情景式的互动游戏等多种方式鼓励儿童参与，这更能调动和激发儿童的积极性与好奇心。

其次，儿童探索馆的设计与建设也涵盖了众多科学与艺术文化领域，更加重视前来参观的儿童及家长的体验，更能够激发低龄段参观者的参观兴趣，满足他们的好奇心。这些设计理念不仅有别于我国绝大多数博物馆，也不同于各个展览项目均围绕“科技、探索”展开展览活动的科技馆。我们可以看到：相比一般的博物馆，儿童探索馆更强调儿童“动手做”、从探索中学习；相比儿童科技馆，儿童探索馆更注重“玩中学”，知识性的科技展览相对减少，而加入更多的社会性和趣味性元素，如角色扮演、合作建筑游戏等。同时，儿童探索馆里的项目并非是单纯供孩子玩耍的，而是本身带有特定的教育目的，帮助儿童发展基本技能和学习品质的，这点又将儿童探索馆与一般的儿童乐园区别开来。由于这些特征，儿童探索馆也是更适宜幼儿参观游乐、探索和学习的场所。

拓展阅读

案例——中国儿童中心老牛儿童探索馆中的探究活动

对于3～7岁的儿童，建筑工地展厅中设有“地震桌”展项，孩子们可以按下按钮，选择不同的震级，模拟不同强度的地震，并用积木搭建房屋，探索不同结构的房子在地震过程中的抗震能力。

地震桌

在蔚蓝天际展厅，在“进军太空”展项中孩子可以在手工台上制作纸飞机、火箭，通过反复试验，孩子们可以观察什么形状的飞机、火箭会飞得更远。

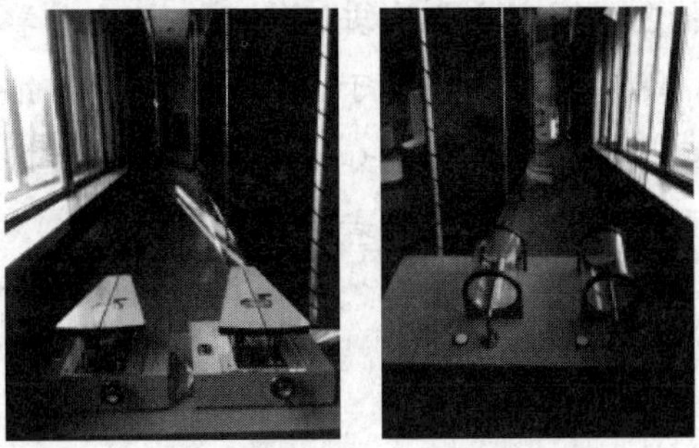

飞机发射台和火箭发射台

拓展阅读

参观科技馆、博物馆及儿童探索馆的组织流程

活动准备

通过网络或图书资料了解准备参观的场馆的基本信息、近期的特色展览，确定具体参观的馆区及参观时间。

提前让幼儿了解博物馆的规章制度，强调参观期间要遵守这些规章制度。

制订参观计划，即具体的参观流程及内容。

准备一些关于科技场馆的问题，帮助幼儿有目的地进行参观。

活动过程

按计划参观，强调纪律问题。

鼓励幼儿积极参与一些互动、体验活动。

引导幼儿进行观察和记录。

鼓励幼儿积极提问或积极探索之前准备的问题的答案。

后续活动

(1) 组织幼儿进行分享、总结、讨论活动。

在参观活动结束后，及时组织幼儿对参观活动进行总结和分享，组织幼儿就自己的经验和收获进行讨论，互相交流经验，彼此启迪。具体的组织形式可采用“语言讨论、作品展示、表演展示”等形式。

(2) 将科技馆等纳为园所的课程资源之一，组织多次相关的参观活动。

幼儿园可充分利用科技馆等场馆资源，多次组织幼儿进行参观，支持幼儿对馆内资源进行充分的探索。此外幼儿园课程资源的利用必须坚持室内和室外、园内和园外相结合的原则。处处有课程资源，处处有发展契机①。

(3) 结合参观经验，创建幼儿自己的科技馆、博物馆、探索馆。

幼儿园可以结合地方特色、园所文化、班级情况，以及本学期的科学教育目标，组织幼儿根据自己的参观经验，共同创设一个属于自己的班级博物馆。班级博物馆不同于一般意义上的儿童博物馆，其规模、科学性都不如前者，班级博物馆更强调幼儿的参与。幼儿不仅是博物馆的参观者，更是博物馆的设计者和维护者。

拓展阅读

早期STEM教学

1. STEM是什么？

STEM是四个英文单词第一个字母组成的缩略语：科学（science）、技术（technology）、工程（engineering）、数学（mathematics）。早期STEM教学是科学、技术、工程与数学的整合活动。

- 科学是关于“是什么”“为什么”的知识，以及获取知识的过程和方法；
- 技术是有关“做什么”“怎样做”的方法和技巧，也与相应的工具和产品有关（严格意义上技术不是一个学科）；
- 工程是运用技术进行设计、解决问题、制作产品的过程；
- 数学是对数、量、形等关系的研究。

这四个学科不是孤立的，而是存在着密切的联系。科学是工程设计的基础；技术是科学或工程的产物，同时技术工具也被用于科学及工程领域；工程运用科学知识、数学知识以及技术工具；而数学被运用于科学、技术和工程之中，是解决以上问题的工具。STEM教育不是简单的S+T+E+M的教育，而是将这四个方面有机整合、融于一体的教育。

2. 幼儿园可以进行STEM教育吗？

幼儿年龄小，他们的思考和行动在目的性、计划性、系统性上都处于萌芽阶段，很难进行有真正价值的解决真实问题的活动。但是这并不意味着幼儿就没有对生活的关注、设计的创想、制作的兴趣。问题的关键在于，教师首先要有一种“STEM素养”，用STEM思维去重新审视平时已经惯常的教育方式。

一般而言，将数学和科学在活动中整合比较容易和自然。当幼儿探究自然时，他们经常注意到数学因素，如它们的样式是否对称和几何形状等。量化也是形成科学概念的重要方面，幼儿通过数腿的数量来辨别某种动物是否属于昆虫，如昆虫都有6条腿，而蜘蛛有8条腿，所以蜘蛛不是昆虫。在科学活动中幼儿还可以使用工具来观察、试验、测量。比

① 虞永平. 博物馆与幼儿园课程. 幼儿教育，2010（4）：9.

如使用放大镜、显微镜这些技术装置可以让幼儿更仔细地观察昆虫或物体的细节，其他技术工具包括天平秤、温度计、风轮、风向标、量杯、量勺、计时器（沙漏）、万花筒、镜子等也是幼儿常使用的。幼儿在探究时还可以产生许多工程活动，如用积木建房子、搭隧道或者制作一个小车等，这些都可以成为一个个简易的工程活动。

拓展阅读

STEM课程案例——大斜坡竞速（区角活动）

材料

木板，窄木条，木胶，毡布、绗缝布（是一种用长针缝制的有夹层的纺织物，例如制作皮包的布料）、网格衬垫（类似于放在浴室和门口的防滑垫或杯垫，起到增加摩擦力的作用）各一条，尺子，玩具车。

活动简述

幼儿喜爱汽车竞速，可设置四个斜坡，每一个的表面质地都不同，同时还有一个简易的起跑门用来确保所有小车同时开始比赛。幼儿可以观察小车在四个赛道上的运动速度，并测量每辆车的运动距离。赛道的基座是一块轻质木头。划线把木板分割成四个纵向的区域，每一个作为一条赛道。为了让每条赛道的表面不同，给三条赛道“铺设”如下材料：毡布、绗缝布和网格衬垫。第四条赛道保留木质表面。然后，幼儿就可以让四辆相同的小车沿赛道滑下，比较小车在不同赛道上的运动速度和距离。

最初，幼儿可以通过观察小车的相对位置来判断哪一辆运动得最远。几天之后，可以在地板上粘上间距10厘米的网格线。幼儿可以计数每一辆车穿过了多少个网格。此外，教师可以在地上固定码尺或者卷尺，将该活动与标准测量工具相联系。

科学内容

该活动鼓励幼儿进行细致的观察和探究，尤其是判断哪辆车最先到达赛道底端以及为什么是这辆车。幼儿会注意到木质赛道上的小车总是第一个到达，紧随其后的是毡布上的小车。当小车在柔软的绗缝布上运动时车轮的压力让布发生了形变，吸收了一些小车向前运动的能量。类似地，网格衬垫的突起让小车震动，也转化了小车向前运动的能量。这就是在这两个赛道上的小车运动缓慢的原因。

数学内容

该活动鼓励幼儿对速度和距离进行测量。当幼儿根据视觉判断速度和加速度的时候，年长的儿童可以通过固定节奏的拍手来测量每个赛道的小车到达底端所需要的时间（在这种情况下，他们只能每次滑下一辆小车）。节拍器会以固定频率发出声音和亮光，比拍手的方法更胜一筹。节拍器并不昂贵，而且可以运用于不同的活动中。沿着地板的网格线会帮助儿童开始对距离进行量化测量。幼儿也可以运用诸如拼插积木之类的操作材料测量距离。这会帮助幼儿意识到如果是用指定的物体作为单位长度进行测量，那么所使用物体的数量就可以表示距离。幼儿还很有可能想要讨论小车竞速的名次，这需要对序数词进行学习并使用——第一、第二、第三和第四。他们甚至有可能要在记录纸上记录下小车的名次。

与技术和工程的联系

使用数码摄像机可以保存汽车下斜坡实验的视频，从而让幼儿重温实验过程，便于教师组织幼儿进行小组讨论。当幼儿观看小车在不同赛道运动的视频时，他们可以通过一起拍手，点数拍手次数来判断速度。幼儿还可以交流分享各自对于影响小车速度因素的推理。

了解路面状况对速度的影响对于土木工程师十分重要。有时，弯曲的陡峭路面上有横向脊状突起，用来防止车辆速度过快。教师可以在讨论的过程中向幼儿介绍这些相关概念。

用于支持探究的点评和提问：

- 木板赛道上的小车是不是总是第一个到达底端？为什么会这样呢？
- 这次，让我们注意观察第三个到达的小车。
- 你能够预测哪一辆小车走得最远吗？
- 速度最快的小车通常走的距离都最远吗？
- 速度最慢的小车通常走的距离都最近吗？

资料来源：莎莉·穆莫. 早期STEM教学，科学、技术、工程与数学的整合活动. 李正清，译. 南京：南京师范大学出版社，2017：26-28.

思考与练习

1. 生活中幼儿科学探究活动的特点是什么？

2. 最近，你所在的大班刚刚结束了一场博物馆之旅。请你设计一个针对大班幼儿的参观博物馆之后的回顾活动、后续活动。

3. 幼儿园科学区的探究活动与集体活动中的探究活动有什么区别?

4. 教师在科学区投放材料的注意事项。

阅读导航

1. 董旭花. 幼儿园科学区（室）. 北京：中国轻工业出版社，2011：10.

2. 莎莉·穆莫. 早期 STEM 教学，科学、技术、工程与数学的整合活动. 李正清，译. 南京：南京师范大学出版社，2017：26-28.

3. 张俊. 幼儿园科学教育活动指导. 北京：人民教育出版社，2008：185.

4. 罗志芳. 浅谈偶发性科学教育活动中教师的指导. 学前教育研究，2000（6）：51.

第六章

幼儿科学探究活动的评价

学习目标

1. 了解幼儿科学探究活动评价的意义和指导框架。

2. 熟悉幼儿科学探究活动评价的内容、方法及工具。

3. 尝试在教育实践中运用幼儿科学探究活动评价的方法和工具对活动进行评价，并做出相应的改善。

作为幼儿全面发展的重要组成部分，幼儿园科学探究活动对幼儿个体发展和社会发展都有极为重要的意义。在前面几章中，我们对幼儿科学探究活动的基础理论、目标原则、设计实施等进行了介绍。本章将关注幼儿科学探究活动的评价，并在此基础上对相关问题展开讨论，以帮助教师和研究者在进行科学探究活动实践时发展良好的综合评价体系。

在讨论如何进行系统评价之前需要思考的是，为什么要对幼儿科学探究活动进行评价？评价的重要性主要在两个方面：首先是诊断和改进教学的功能。对幼儿科学探究活动进行评价有助于对活动各要素进行鉴别和改进，帮助教师、课程开发者及行政人员了解课程信息，对问题进行分析和诊断。教师可以依此判断采取哪些改进措施，如制定更合适的教学计划，改进环境和材料，改进教学方法与策略等，教科研及行政人员可以有依据地制定各种影响课程的决策，以更好地实现探究活动的目标。其次是教育功能。合理恰当的评价可以让我们深入了解不同幼儿原有的经验，了解幼儿科学学习与探究的过程，提供有针对性的反馈等，促进幼儿的发展，真正意义上做到个别教育，因材施教。

第一节　幼儿科学探究活动评价指导框架

从20世纪80年代以来，世界各国纷纷加强幼儿的科学教育，努力为幼儿创造能力和实践能力的培养奠定基础，我国幼儿科学教育在迎接新的发展机遇的同时也面临着十分严峻的考验，为了应对这一挑战，教育部相继印发了《幼儿园教育指导纲要（试行）》以及《3～6岁儿童学习与发展指南》。两份文件为幼儿科学探究活动的评价指明了方向。

一、《幼儿园教育指导纲要（试行）》中相关要求

2001年教育部印发《幼儿园教育指导纲要（试行）》（以下简称《纲要》），对幼儿园科学教育提出了要求。《纲要》提出了幼儿园科学教育在提升幼儿科学知识素养和培养科学实践技能方面的五个目标："1. 对周围的事物、现象感兴趣，有好奇心和求知欲；2. 能运用各种感官，动手动脑，探究问题；3. 能用适当的方式表达、交流探索的过程和结果；4. 能从生活和游戏中感受事物的数量关系并体验到数学的重要和有趣；5. 爱护动植物，关心周围环境，亲近大自然，珍惜自然资源，有初步的环保意识。"此外，《纲要》还对科学探究活动的内容和实施提出了要求，如在环境材料方面，需要"为幼儿的探究活动创造宽松的环境，让每个幼儿都有机会参与尝试，支持、鼓励他们大胆提出问题，发表不同意见，学会尊重别人的观点和经验"，"提供丰富的可操作的材料，为每个幼儿都能运用多种感官、多种方式进行探索提供活动的条件"，等等。《纲要》强调幼儿的科学教育应当"激发幼儿的认识兴趣和探究欲望"，"使他们感受科学探究的过程和方法"，"利用身边的事物与现象作为科学探索的对象"，从幼儿发展目标到科学教育的内容要求再到教师的指导要点，《纲要》为科学探究活动的评价提供了指导方针，突出了评价的侧重点。

二、《3～6岁儿童学习与发展指南》中相关发展指标

继《纲要》之后，2012年教育部印发《3～6岁儿童学习与发展指南》（以下简称《指南》），《指南》以3～6岁幼儿学习与发展的基本规律和特点为基础，发展了一套较系统的3～6岁幼儿发展指标。其中，在科学探究方面，幼儿的学习和发展目标主要包括以下三

个维度：(1) 亲近自然，喜欢探究；(2) 具有初步的探究能力；(3) 在探究中认识周围事物和现象。在每一维度下，针对 3～6 岁不同年龄段的幼儿又有具体的发展目标。《指南》强调“幼儿科学学习的核心是激发探究兴趣，体验探究过程，发展初步的探究能力”，科学探究维度的幼儿发展指标及《指南》对探究兴趣、探究过程、探究能力的强调，是幼儿科学探究活动评价的重要参考。

第二节 幼儿科学探究活动评价的内容

一、科学探究活动评价

科学探究活动是幼儿园科学教育目标实现的主要载体。对科学探究活动的评价具体又包括对探究目标与内容的评价，对探究环境与材料的评价，以及对探究活动过程的评价。

（一）对探究活动目标与内容的评价

幼儿科学探究活动目标是幼儿科学教育总目标的分解，它能为科学探究活动的设计、实施和评价提供必要的依据。

1. 评价探究目标时要明确以下几点

第一，目标是否适宜幼儿的年龄特点和发展水平。

第二，目标是否符合《纲要》与《指南》的要求，包含科学素养的知识与能力、方法与技能、情感与态度等三个要素。

第三，目标是否具体、明确。

第四，目标是否有一定的包容度、灵活性。

幼儿科学探究活动的内容是为目标服务的。同时，内容又源自幼儿的生活经验，是为满足幼儿的能力、兴趣和需要而设置的。探究活动的内容应该综合反映幼儿身心发展的规律、社会的要求以及学科知识的更新。

2. 评价科学探究活动内容应当注意以下两个方面

第一，活动内容是否具有适宜性。适宜性首先体现在探究活动是否适应幼儿该年龄段的发展水平。对于幼儿的科学探究课程，其设置应当根据不同的教育对象、年龄阶段和主题内容来组织安排，简单来说内容组织要做到因材施教。除此之外，适宜性还体现在是否与幼儿相关。需要关注活动内容是否来源于幼儿的生活，需要关注幼儿的兴趣和需求，从幼儿的关注点生成科学活动内容。活动与幼儿相关还在于应当着眼于帮助幼儿获得有关周围事物及其间关系的经验，有利于幼儿直接参与探索和发现的过程，有利于幼儿在过程中动手、动脑、动口，充分体验和表达。例如，幼儿户外活动时对太阳下物体的影子表现出了兴趣，教师捕捉到幼儿的这一兴趣，生发拓展“光和影”系列的科学探究活动和游戏，与幼儿生活中的兴趣点切合，且有利于幼儿直接参与探索，具有较好的适宜性。

第二，活动内容是否具有挑战性。好的探索活动要走在幼儿发展前面，活动内容在适宜性基础上应当适合于幼儿的最近发展区。教师应该清楚地了解幼儿所处的发展阶段以及他们所面对的各类问题，只有这样才能使他们的探究活动填补幼儿的现有发展水平与他们潜在发展水平之间的鸿沟。在幼儿园探究活动案例中①，幼儿通过搭建积木积累了一定的多个立方体之间的空间关系、立方体叠加搭建的经验，这就是幼儿的实际发展水平。教师在活动前，预先判断的潜在发展水平是根据图示的造型推断立方体数量，两个水平之间存在一定的差距。教师在组织活动的过程中，应充分调动幼儿已有经验，帮助幼儿达到预先设计的目标。活动应同时具有适宜性和挑战性。

拓展阅读

《幼儿科学探究活动质量评价表》② 中活动目标与内容的评价标准

评价内容	评价标准	评价等级		
		好	较好	一般
活动目标	1. 目标与特定年龄段的幼儿发展的特点和规律一致			
	2. 根据《纲要》和《指南》精神，目标体现科学领域的活动特点			
	3. 目标包括科学认知、科学技能和科学精神			
	4. 活动的目标具体、明确			
	5. 活动的目标具有可操作性			
活动内容	1. 科学活动内容与各年龄段幼儿学习科学的心理特点一致			
	2. 教学内容兼顾群体需要和个体差异			
	3. 教学内容容量与教育目标一致（内容最大限度地包含活动的目标，且最有利于目标的实现）			
	4. 科学教育的内容从幼儿的身边取材，是幼儿周围生活和环境中常见的事物			
	5. 内容符合幼儿兴趣，能吸引幼儿主动探索			
	6. 教学呈现和解释的活动内容科学、准确			
	7. 教学内容涉及的科学知识和概念能促进幼儿进一步的学习			

（二）对探究环境与材料的评价

根据皮亚杰的认知发展理论，幼儿的学习和发展需要他们主动探索一个有趣、独特的环境。幼儿活动室常常有一块区域是用来给孩子们进行科学探索活动的，孩子们有机会花时间去探索这些区域中所放置的材料。因此，在科学探究活动中，对活动环境的评价也是

① 尚蒙妮. 在问与答中激发幼儿的数学思维：以大班“数立方”活动为例. 幼儿教育（教育教学），2011（9）：35.

② 基础教育教学研究课题组. 幼儿园科学教育活动指导. 北京：高等教育出版社，2014：44-45.

必要的。环境包括物理环境和心理环境，物理环境一般指活动室空间条件和探究活动的材料等，心理环境往往与探究活动中的师幼互动质量有关。

有研究者在20个中西方幼儿园使用了一系列幼儿科学探究活动材料去调查了使用科学材料的可行性以及孩子们在科学活动上花费的时间。相关的材料有：乙烯基制品的动物、植物、记录表、海报、磁铁等一系列与科学有关的物品。其中最常见的自然科学材料包括植物、贝壳和化石。持续两天的录像结果显示，孩子们渐渐不再关注任何植物，同时老师们也不再和孩子们讲任何关于植物的东西。对于在科学活动上花费的时间，只有4.5%与提供的材料有关。其余非正式的科学活动例如用铲子和小桶在沙盘或水池中玩耍占了8.8%的时间。大部分的时间里，老师们都在艺术区域给孩子们讲故事，几乎不到科学区①。研究者认为孩子们失去了培养和锻炼科学能力的很重要的机会。教师定期对科学探究活动的环境进行评价，根据评价结果做出相应的改进，对于促进幼儿科学能力的发展是非常重要的。

评价科学探究的环境与材料可以参考下面两个评价工具。一是美国国家早期教育研究所研发的幼儿科学和数学评价工具，它从材料种类以及幼儿与材料的互动情况对幼儿科学和数学环境进行评价，如表6-1所示②。

表6-1　　幼儿科学和数学评价工具

材料种类	1. 包含数字符号的计数、比较、估计和识别的材料
	2. 测量和比较的材料：体积、重量、长度、高度、距离、时间和面积
	3. 用于分类和排序的材料
	4. 几何和空间位置/关系的材料
	5. 生物和非生物科学探究材料
	6. 支持科学阅读的材料
幼儿与材料的互动情况	1. 带着目的计算数目
	2. 识别和书写数字和数字符号
	3. 数字操作
	4. 识别和使用几何图形
	5. 空间位置/关系
	6. 测量和比较
	7. 分类和排序
	8. 科学探索，实验和讨论
	9. 观察和预测
	10. 记录科学信息

① Tu T. Preschool Science Environment: What Is Available in a Preschool Classroom? Early Childhood Education Journal, 2006, 33 (4): 245-251.

② Brenneman K, Stevenson-Garcia J, Fung K, et al. Assessing Instructional Quality for Science and Math: Preschool Rating Instrument for Science and Mathematics (PRISM). Paper Presented at the Biennial Meeting of the Society for Research in Child Development, Montreal, 2011.

第二个工具是英国的《幼儿学习环境评量表—课程增订本》(ECERS-E)，它特别着重于“读写能力”、“数学”和“科学与环境”及幼儿教室布置的“多样性”等核心课程方面的环境评量。其中，与科学探究活动相关的评价指标包括：(1) 自然材料，(2) 自然科学区，(3) 科学活动——非生命，(4) 科学活动——生命过程，(5) 科学活动——食物的准备。每一维度下又有“不足”“最低标准”“良好”“优良”四个水平，每一水平下对应了若干表现指标①。例如，自然材料维度考察环境中自然材料的可得性、教师对幼儿探索材料的支持性等，在这一维度科学环境达到“优良”水平的情况下，应当有如下几个指标表现：(1) 鼓励儿童识别和探索学校以外的环境中的各种自然现象，并谈论/描述它们。(2) 鼓励儿童携带自然材料到校。(3) 鼓励儿童近距离观察自然物体及/或画出它们。再比如，“科学活动——非生命”维度考察科学活动环境中非生命性材料的提供和教师支持探索的水平，如果评价中这一维度达到了“最低标准”水平，应当满足如下几个指标表现：(1) 教师或儿童进行一些科学探索或实验（如能提供冰块，把冰块放到阳光下）。(2) 每天都提到科学词汇和/或概念（如讨论天气，有“浮沉”实验材料并使用“浮”“沉”等词汇，谈论环境中的融化、压力、东西为什么/怎样移动）。其他各个维度在四个标准水平下都提供了相应的指标表现，将科学环境的评价与科学活动课程紧密联系起来。

（三）对科学探究活动过程的评价

如果说对科学探究环境与材料的评价是一种静态评价，那么对科学探究活动过程的评价则是一种动态评价。评价的重点在科学活动的实施过程。同样的活动内容和材料由不同的教师来设计与实施，活动效果有可能是完全不同的。因此，对探究活动过程的评价也可以说是对教师的评价，评价教师能否将活动方案与计划有效地展示出来，在过程中采取哪些策略鼓励幼儿的参与，如何支持幼儿的探究等。

幼儿园科学探究活动的实施实际上是把幼儿园科学探究活动设计从理念转化为实践。但是，实际的操作过程中，教师应根据整体班级幼儿特点和探究过程（包括其中发生的变故）对活动设计进行调整，设计只是提供一个框架，而实施则更多是灵活地进行生成。因此，在对幼儿园科学探究活动实施过程进行评价时，有必要着重关注以下几个方面：

第一，活动过程是否紧凑、流畅、有层次。评价活动过程的几个环节和层次的顺序是否能体现层层递进、环环相扣、相互衔接。

第二，对活动过程中的重点、难点环节的把握和分析是否得当。评价活动过程中哪个环节是活动的重点，哪个环节是活动的难点，并能在时间安排、教师指导等方面围绕着重

---

① 西尔瓦. 幼儿学习环境评量表：课程增订本. 李娟，肖湘宁，译. 上海：华东师范大学出版社，2015：64-72.

点难点的突破来分析活动的重难点在哪个环节，如何突破。

第三，活动过程中的方法和组织形式是否灵活多样。在活动开展的过程中应尽量让每个幼儿都动手动脑探究问题，并应力求通过集体、小组、个别活动相结合的方式来设计和组织科学活动。

第四，活动材料的选择和呈现是否紧紧围绕每个环节的实际需要。材料的种类应尽可能地做到多样化，并保证材料的充足性，以满足幼儿的探究需要。此外，材料的投放应当采用分层分次的方式。

第五，活动过程中师幼互动关系是否融洽。评价活动过程中教师能否给幼儿创设宽松的探究环境和氛围，能否鼓励每个幼儿积极参与探究活动并大胆表达；能否尊重幼儿的意愿、重视幼儿之间的个体差异；能否不断调整自己在活动过程中的作用，如有时是材料的提供者，有时是活动的参与者，有时是指导者，有时是旁观者，有时又是幼儿活动的合作者。应切实保证幼儿是科学探究活动的主体，是积极主动参与活动而不是被动参与的，在整个过程中是愉快而富有创造性的。

我国基础教育教学研究课题组编制的《幼儿科学探究活动质量评价表》，结合了《纲要》和《指南》中的具体指导要点，从以下指标评价科学探究活动的实施过程（见表 6－2）：

表 6－2　　幼儿科学探究活动质量评价表

评价内容	评价标准	评价等级		
		好	较好	一般
活动方法	1. 以直接感知、亲身体验、实际操作作为基本活动方式			
	2. 教学方法合理、适宜，与教学内容相适合			
	3. 教学方法具有趣味性，能吸引幼儿主动参与活动			
	4. 教学方法多样化，结合采用观察法、比较法、操作法和实验法			
	5. 教学方法具有开放性，能引发幼儿探索与思考			
活动资源选择与运用	1. 科学活动环境开放、安全，给幼儿充分的时间、空间探索			
	2. 材料提供体现科学原理，与教育目标紧密相关			
	3. 提供贴近幼儿生活的材料			
	4. 材料选择的适宜性：要根据幼儿的年龄选择。教师要根据幼儿的不同年龄阶段选择相应的材料；材料的数量适宜，摆放合理；便于幼儿操作；材料具有趣味性，能吸引幼儿			
活动过程	1. 活动结构合理，重点突出，各环节清晰，层层递进			
	2. 导入环节适合活动内容，生动有趣，能吸引幼儿兴趣			
	3. 活动开展符合科学教育活动的基本流程，根据活动的内容特点有序进行			
	4. 在结束环节梳理科学经验，并有利于引发下一步活动			

续表

评价内容	评价标准	评价等级		
		好	较好	一般
教师行为	1. 教师对科学活动内容的讲述、解释清晰、科学、合理，易于幼儿接受，又符合科学原理			
	2. 教师教学策略适宜：采用实验操作法、游戏法、问题情境法等多种教学策略，激发幼儿对科学活动的兴趣；通过各种方式的提问，引导幼儿在科学活动中的主动探究；以探索性学习为主要的学习手段			
	3. 教学行为适宜：教师充分关注幼儿；教师能够"等待"，给幼儿充分的时间进行观察、探索、讨论；教师能创设安全的心理环境，引导适宜的师幼互动、幼幼互动，引导幼儿进行交流、合作、分享；教师注意培养幼儿的科学态度和科学精神			
	4. 教师根据需要，开展适当的评价			
幼儿行为	1. 幼儿对活动感兴趣，积极主动地投入到科学探索活动中			
	2. 各能力水平幼儿在活动中积累新的科学经验，科学探索能力得到提高			
	3. 幼儿通过亲身体验、主动探索，发现问题并尝试解决问题			
	4. 幼儿有良好的科学精神和态度，敢于表达和质疑			
	5. 幼儿愿意和同伴讨论、交流、合作、分享探索的过程和结果			

资料来源：基础教育教学研究课题组. 幼儿园科学教育活动指导. 北京：高等教育出版社，2014：44-45.

二、对教师的评价

教师是影响幼儿科学学习的关键因素，他们的科学知识、科学教学实践方法与经验、对于科学的信念及态度等都会直接影响科学探究活动的实施，影响幼儿科学教育目标的达成。

（一）教师的科学领域教学知识

在科学探究活动中教师首先需要具备一定的学科知识。事实上，幼儿教师之所以不愿意开展科学领域的活动的原因一方面就是对自身科学知识的不自信，担心自己将错误的概念教给幼儿。但另一方面，具备学科知识（比如物理学或生物学专业毕业）的教师又不知道如何将自己的专业知识以适宜的方式教给幼儿。20 世纪 80 年代中期，学者舒尔曼（Shulman）提出了学科教学知识（pedagogical content knowledge，PCK），认为 PCK 是教师知识中最核心的部分，也是专业教师相较于学科专家所独有的、体现教师职业专业性的知识①。幼儿教师科学领域教学知识指幼儿教师在了解幼儿身心发展特点的基础上，将

① 杨彩霞. 教师学科教学知识：本质、特征与结构. 教育科学，2006（1）：60-63.

科学领域内容知识以幼儿易于接受的方式进行加工、转化，并以适宜的教育教学方法支持、引导幼儿进行科学学习与探索的一种教师专业知识。幼儿教师科学 PCK 包含三个领域的知识，分别是：

科学领域内容知识。指教师对科学领域核心概念和知识结构的掌握，对科学教育目标和内容的理解等。

关于幼儿学习科学的知识。指教师对幼儿在学习特定科学概念之前已有经验与能力的判断，对幼儿科学学习的特点的了解，对幼儿科学学习的个体差异的把握等方面的知识。

科学领域教学法知识。指教师关于如何创设探究情境、如何选择探究材料、如何使用教学策略支持幼儿的探究等方面的知识。

教师 PCK 的评价通常采用的是迈阿密大学的研究团队开发的评估程序与方法①。他们最初关注的是教师的数学 PCK。数学 PCK 评估能够充分反映教师为了进行有效的幼儿数学教育所需要具备的知识。数学 PCK 评估工具主要包括一段幼儿教学视频、基于视频的 PCK 问卷以及 PCK 评分编码手册等。在幼儿教师观看视频片段之后，填写问卷。问卷共包括 9 个题目，分三个维度，分别调查幼儿教师"关于内容的知识"（what）、"关于幼儿的知识"（who）以及"关于教学法的知识"（how）。PCK 问卷的题目都是开放性的，如："在这个视频中你看到了什么关于数学的知识?""如果让孩子们理解这些数学知识，你会说些什么?"② 教师可以根据自己对所观看视频片段的理解，自由充分地表达自己的想法或见解。评价者依据编码手册对回答进行评分。编码手册从教师能否回答以及回答的具体性、教师的回答与数学核心概念的联系程度、教师的解释程度等三个方面进行水平评分③。

（二）教师对科学教育的态度与信念

态度和信念是可以指导行为的复杂、多维的结构④⑤。态度代表了教师对一个对象（如科学教学）性质特征的整体性评价，如好—坏、有害—有益等⑥。而信念代表了个人所拥有的关于某一事物的信息⑦⑧，不管这些信息事实上是不是精准的，个人相信这些信

---

① McCray J S, Chen J Q. Pedagogical Content Knowledge for Preschool Mathematics: Construct Validity of a New Teacher Interview. Journal of Research in Childhood Education, 2012 (26): 291-307.

② 同①.

③ 黄瑾，汤杰英. 学前教师数学教学领域知识研究. 教师教育研究，2016，28 (2)：101-104.

④ Ajzen I. Nature and Operation of Attitudes. Annual Review of Psychology, 2001 (52): 27-58. http://dx.doi.org/10.1146/annurev.psych.52.1.27.

⑤ Osborne J, Simon S, Collins S. Attitudes Toward Science: A Review of the Literature and Its Implications. International Journal of Science Education, 2003 (25): 1049-1079. http://dx.doi.org/10.1080/09500690-32000032199.

⑥ 同④.

⑦ Fishbein M, Ajzen I. Belief, Attitude, Intention, and Behavior: An Introduction to Theory and Research. Reading, MA: Addison-Wesley, 1975.

⑧ Koballa T R. Attitude and Related Concepts in Science Education. Science Education, 1988 (72): 115-126. http://dx.doi.org/10.1002/sce.3730720202.

息是“真”的[①]。态度和信念相互影响，一个人对待一件事情的信念决定了他对待该事情的态度[②]，因此，态度和信念都是影响教育者在课堂上教学方式的重要因素，它代表着一种隐性机制，指导着教师的教学行为[③]。拥有积极科学教育态度和信念的教师，会花费更多的时间去设计课程、制作教具并运用更多探究的方法进行教学，更重要的是他们更注重自我教学的效能，期待获得好的教学效果。教师对科学教育的态度、教学效能感也会影响幼儿对待科学学习的态度[④]。

在实践中，有相当一部分教师认为幼儿年龄太小不适合学习科学，或是认为科学教学资源不足、设备不够、时间和空间的局限是造成科学教学水平不高的原因[⑤]。片面的认识和消极的态度会严重阻碍教师科学教学能力的发展，因此，反思、评价教师对科学教学的态度与信念是非常有必要的。

对教师科学教育态度与信念的评价可以从三个方面入手。首先是教师进行科学活动的感觉如何，比如教师觉得科学活动是轻松的还是让人不安、焦虑的。其次是教师对科学教育价值的认识：孩子们能学到什么？再者是教师对科学教育困难的认识。Maier 及 Greenfield 等人（2013）开发了一套《学前教师对科学教学的态度信念调查问卷》（P-TABS）[⑥]，研究者从佛罗里达州收集了 500 个幼儿教师的数据，分析后发现在幼儿教师对科学教学的态度信念中有 3 个指标受到重点关注：教师进行科学教学的舒适程度，幼儿从科学教学中所获的知识以及教师进行科学教学活动时的挑战。这一问卷已在幼儿科学教育项目的评价中投入使用，对教师态度和信念的评价会有助于教师自我反思、重新澄清科学教育的价值，对于改善教学活动、提高专业发展水平大有助益。

三、对幼儿的评价

在教育评价中，经常要对幼儿的发展状况进行评价。有时我们是为了获得一些间接的资料，以评价教育活动的效果；也有的时候是为了对幼儿做某种鉴定，了解每个幼儿的发展状况，以便改进教学。

幼儿综合评价体系应当采用多评价者多方法评价的方式。一般情况下，评价途径包括

① Atwater M M. Research on Cultural Diversity in the Classroom//Gabel D. Handbook of Research on Science Teaching and Learning. NY：Macmillan，1994：558-576.

② Koballa T R. Attitude and Related Concepts in Science Education. Science Education，1988（72）：115-126. http://dx.doi.org/10.1002/sce.3730720202.

③ Maier M F，Greenfield D B，Bulotsky-Shearer R J. Development and Validation of a Preschool Teachers' Attitudes and Beliefs Toward Science Teaching Questionnaire. Early Childhood Research Quarterly，2013（28）：366-378.

④ Yin Kiong Hoh. Pre-service Versus In-service Science Teachers' Views of NOS. Teaching Science，2013（2）：22-31.

⑤ 同④.

⑥ 同③.

使用参考教师的记录、观察和用多种方法直接评估幼儿能力。评价者应该注意到，每一种评价方法的局限性和评价者自身的主观性都会使评价有一定的偏差。除此之外，由于幼儿的能力水平有限，评价中还应当注意到一些问题①，例如，评估方法的设计是否考虑到幼儿的注意力持续时间有限？需要口头回答的方法（如访谈）是否适应幼儿语言能力和记忆能力有限的情况？在多评价者多方法评估幼儿时，考虑这些问题对于提高评价的有效性是很重要的。对幼儿的评价可以从三方面展开：对幼儿科学概念的评价、对幼儿科学探究能力的评价以及对幼儿科学态度的评估，下面我们进行具体介绍。

（一）对幼儿科学概念的评价

对幼儿科学概念的评估重点关注幼儿对探究活动中科学概念和规律的掌握情况，目前有一些科学活动评估项目可以较好地实现评估。

（1）学前科学评估（preschool science assessment，PSA）是对幼儿（3～5 岁）科学概念直接评估的项目②。项目涵盖三个领域：生命科学（例如，“指出有生命的东西”——图片展示了兔子、木头、冰淇淋、巧克力等），地球和空间科学（例如，“指出夜晚”——展示三张不同的白天图片、一张有着星星月亮的夜晚图片），物理和能源科学（例如，“指出坚硬的物体”——图片展示了泰迪熊、纸巾卷和一面砖墙）。还包括八种科学实践：观察、描述、比较、询问、预测、试验、反思和合作（例如，“这辆车不能行驶，为什么你认为它不能动？”——卡片上显示汽车停在街道上但是没有轮子；又如，“Sandra 有一个冰淇淋，但她把它放在了室外太阳底下，你觉得冰淇淋会怎么样？”——前提图片显示 Sandra 拿着冰淇淋站在太阳下，待选图片分别展示的是冰淇淋不变、冰淇淋的奶油颜色改变，以及冰淇淋融化）。每一题都由一组图片组成，或含有操作型任务（例如测量）。PSA 一般用于评价儿童实践科学课程项目的学习成果③。

（2）科学透镜（lens on science）即 PSA 的计算机适应版，允许幼儿在平板电脑上进行触屏操作④。近年来，计算机在幼儿园活动中以及在幼儿的家中都得到了比较广泛的应用，计算机也为评价儿童提供了新的思路和方法。与传统的纸笔测试或一对一的方法相比，它有比较明显的优势。孩子的正确和错误的反馈信息会自动引导题目选择，减少了人工主试的复杂流程。此外，这一方式还避免了较多易出现人为失误的操作过程，且节省了培训主试、录入数据的昂贵的时间和金钱成本，幼儿的选择行为可以被较好地记录进测量文档⑤。

（3）科学学习评估（SLA）主要评估儿童对科学探究过程的理解水平（见表 6－3）以

① Trundle K C，Sackes M. Research in Early Childhood Science Education. Dordrecht：Springer，2015：358.
② 同①360.
③ 同①361.
④ 同①361－362.
⑤ 同①363.

及对生命科学概念的理解水平（见表 6-4）。SLA 以单选题为主，以图片的形式呈现题目供幼儿进行选择，SLA 还包括一些开放式的后续问题，是对前面单选题的追踪提问，可以进一步了解幼儿的想法和思考过程。

表 6-3　　通过对 SLA 项目的描述测试幼儿对科学探究过程的理解（部分）

1. 这是三个孩子的照片（展示图片）：这些孩子中哪一个在进行科学探究？(a) 吉娜观察蝴蝶；(b) 汤姆弹吉他；(c) 詹姆斯跳舞。
2. 这是一张青蛙的照片（展示图片）。这些女孩问关于青蛙的问题（展示图片）。听每一个问题，告诉我哪个女孩问了一个科学问题：(a) 这只青蛙吃什么？(b) 你喜欢这只青蛙吗？(c) 我可以叫它莉莉吗？
3. 这是一张鱼的图片（展示黑白条纹鱼的图片）。这里有三个小朋友（展示图片）。我来告诉你每个小朋友都说了些什么。(a) 鱼有黑白条纹；(b) 我家里养了一条宠物金鱼；(c) 鱼喜欢成群结队地游泳。哪一个小朋友是在观察这条鱼呢？（见图 6-1）

图 6-1　SLA 项目 3 示意图

表 6-4　　通过对 SLA 项目的描述测试对幼儿生命科学概念的理解（部分）

1. 其中一种动物是昆虫（展示图片）：哪一种？(a) 蝴蝶；(b) 鸟；(c) 松鼠。
2.（接上 1）你怎么知道这是一只昆虫（正确答案：六条腿）？
3. 其中一种动物是昆虫（展示图片）：哪一种？(a) 蚂蚁；(b) 蜈蚣；(c) 蜘蛛。
4.（接上 3）你怎么知道这是一只昆虫（正确答案：6 条腿，3 个身体段）？

需要注意的是，所有的国外评估项目被翻译成中文时，翻译可能会改变评价测量的信效度，为了确保翻译来的工具的评估的效度与原工具的效度相同，跨文化评价工具必须经过以下几个修订步骤：第一，检查原版题项在语言和文化上的对等性；第二，检阅翻译题

目的评价等效性；第三，得到修订版本后，翻译版本的评估分数应当能对应原版的同一等级表[①]。只有经过本土化修订的工具，才能被较好地用于国内幼儿发展水平的评估以及反映更真实的水平。

（二）对幼儿科学探究能力的评价

《指南》的概念框架中，幼儿科学探究方面的发展目标包括喜欢探究、具有初步的探究能力以及在探究中认识周围事物和现象。第四章介绍了幼儿科学探究能力的不同方面。如何具体评价幼儿的科学探究能力呢？首先是观察。当教师在小组间巡回走动时，可以观察幼儿的活动，和他们互动，并对他们进行具体指导以提高或改善他们的探究能力。这种评价方法是一种嵌入教学中的评价，是指导个别学生或小组的评价方法。它的目的是要促进儿童成绩的提高而不是用于测量儿童学完之后的记忆力发展，在活动过程中或活动结束后，需要记下每个幼儿在技能掌握方面所取得的进步，并将这些记录作为幼儿在班上科学表现的部分。

如果想要对幼儿的探究能力进行更正式的观察评价，可以参考表6－5，设计一份可表现幼儿进步的列表。为每个幼儿准备一份列表，当教师在教室里来回走动时，运用结构观察的方法考察评价幼儿所表现出来的探究能力。

表6－5　科学探究活动中的一些熟练程度指标

观察	辨别物体 运用多种感官 运用所有合适的感官 确切地描述性质 进行定性的观察 进行定量的观察 描述物体的变化 描述相似物体的不同点
分类	辨别物体所具有的可用于分类的主要特性 辨别总体中所有物体所具有的共性 准确地分成两组 准确地按照不同的方法分类 形成子类别（subgroups） 建立自己的分类标准 提供合理的分类原因
交流	准确地描述物体 确切描述，以便他人能识别未知物 用口头或书面的方式向他人准确地传达信息 用语言表达想法 准确和完整地描述事件 提供结论的合理解释 用合乎逻辑和可以理解的方式描述自己的观点

① Trundle K C，Sackes M. Research in Early Childhood Science Education. Dordrecht：Springer，2015：364.

续表

测量	选择恰当的测量类型（长度、体积、重量、时间） 选择恰当的测量单位 正确运用测量工具 恰当运用测量技术 恰当运用标准和非标准的测量 通过恰当的测量来探索物体的数量差异
预测	形成相似事件的模式 拓展相似事件的模式 调查前进行预测 进行简单的预测 在恰当的情境中使用预测过程 呈现预测的合理原因 进行实验以验证预测的正确性

资料来源：大卫·杰纳·马丁．建构儿童的科学：探究过程导向的科学教育．杨彩霞，于开莲，洪秀敏，等译．北京：北京师范大学出版社，2006：260-261.

教师可能需要定期、正式地以任务为导向评价幼儿的科学探究能力。教师可以在某一天建立几个“评价点”（station），每个点都要求幼儿演示一个活动，教师可以在评价表上记录他们的表现（见表 6－6）。同时在评价表上记录每个幼儿是否完成了某项任务，或者进行质量等级评定。如用数字 1～4 表示幼儿过程能力的水平或熟练程度，1 表示没有观察到，2 表示最低程度的熟练，3 表示令人满意的熟练程度，4 表示最熟练的程度（见表 6－7）。表 6－8 是教师根据表 6－7 中的指标及计分方法评价幼儿科学探究能力的实例①。

表 6－6　　适合幼儿科学探究活动项目的过程能力评价

评价点 1：两种不同的蔬菜 活动：描述每种蔬菜的特征，说说你用了什么感官 评价的过程能力：观察 评价点 2：收集 5～10 种不同的种子 活动：将种子分成两组，并给每组命名 评价的过程能力：分类 评价点 3：纸袋中的物体 活动：向同伴描述袋中的物体，让他能准确地辨认物体 评价的过程能力：交流 评价点 4：一块木块和一些硬币 活动：发现这个木块有多少个硬币长 评价的过程能力：测量 评价点 5：一桶水，在旁边放上几个物体 活动：预测每种物体在水中会下沉还是会上浮 评价的过程能力：预测

① 大卫·杰纳·马丁．建构儿童的科学：探究过程导向的科学教育．杨彩霞，于开莲，洪秀敏，等译．北京：北京师范大学出版社，2006：263.

表 6－7　适合幼儿科学探究活动项目过程能力评价的得分体系

得分	标准	
1	没有观察到	
2	表现出最低水平	
3	表现较好	
4	表现突出	
评价点	**过程能力**	**得分**
1	观察	____
2	分类	____
3	交流	____
4	测量	____
5	预测	____
	总分	____
	除以最高总分 20＝百分比	____

表 6－8　评价幼儿科学探究活动中过程能力的得分范例

评价点	过程	得分	得分原因
1	观察	2	没有使用嗅觉
2	分类	4	形成了互相排斥的两个组
3	交流	1	只能辨别物体，而不能描述它
4	测量	3	能以硬币为单位进行整数测量，但没有进行四舍五入
5	预测	4	做出了正确的预测并对每一项进行了验证
	总得分	14	
	百分比	14÷20×100％＝70％	

（三）对幼儿科学态度的评价

态度是一个人对待事物的心理倾向，它由相似经历所产生的情感积累而成。如果个体经历的是愉悦、兴奋、成功和有价值的情感，那么他就会形成积极的态度。如果个体经历的是不高兴、无趣、枯燥、不成功和无意义的情感，那么他就会形成消极的态度。

由于科学已渗透到现代社会和技术的所有方面，因此发展幼儿对科学和“做科学”的积极态度非常重要。幼儿可通过间接的方式表现出他们对科学的态度。例如：对科学具有积极态度的幼儿可能提一些他在园外遇见的与科学相关的问题；他们可能要求完成比计划多的科学活动；他们也可能要求父母带他们参加与科学相关的活动；他们可能就与科学相关的电视节目展开讨论或者进行与科学有关的游戏；他们还可能将与科学相关的活动方案带到幼儿园，与同伴分享他们在家所获得的科学经验。所有这些都展现了幼儿对科学探究的积极态度。

了解幼儿对科学的态度通常是通过教师的主观评价。但也有一些客观的行为表现可以反映出幼儿对科学的态度。如可以参考表 6－9 中的指标为幼儿制定行为检核表。检核表应反映幼儿在幼儿园和社区中的日常行为表现，当幼儿每次表现出表中所列出的某种行为时，教师就可以在旁边做上记号或写上日期，检核表的底部可以留出空白，以记录表中没有的一些其他行为表现。通过这个方法，教师就可以获得幼儿对科学的态度以及态度改变方面的信息。

表 6-9　积极的科学态度指标

1. 运用额外的时间进行科学探究
2. 用语言表达对科学的好奇
3. 将校内的科学活动延伸到校外
4. 自愿参加校外的科学活动
5. 参观博物馆、植物园或其他科学场所
6. 在维护班级科学中心、照料植物和动物的活动中扮演积极的角色
7. 选择观看与科学相关的电视节目
8. 进行与科学相关的棋盘游戏或电脑游戏
9. 阅读与科学相关的书籍或其他印刷材料
10. 在家里参加与科学相关的活动

资料来源：大卫·杰纳·马丁．建构儿童的科学：探究过程导向的科学教育．杨彩霞，于开莲，洪秀敏，等译．北京：北京师范大学出版社，2006：268.

第三节　幼儿科学探究活动评价的方法

教育评价的目的是真实、全面地反映评价对象的相关情况。我们要想保证科学评价的客观性和科学性，就必须借助科学的评价方法。作为评价者，我们应该针对每个幼儿的特点进行个别评价，而不是用统一的标准来衡量每一个不同的个体。并且对幼儿评价时不能单独评价特定情境中幼儿的表现，而是应该对幼儿进行全面的、整体的、动态的评价。

可用于幼儿科学教育评价的方式有很多种，本章着重从微观评价与宏观评价进行讨论。微观评价介绍活动实施过程中教师收集评价资料的常用方法包括，口试法、笔试法、观察法、访谈法、科学日记法、问卷法、测查法、作品分析法①。宏观评价包括对幼儿科学教育课程整体方案进行评价的方法②。由于在前面小节已对后者进行了相关介绍，在本节不再赘述。

一、观察法

观察法是有目的、有计划地对被评价者的行为进行现场观察或测量，并对观测结果做

① 夏力．学前儿童科学教育活动指导．上海：复旦大学出版社，2010：196-205.
② 梁志霞，张立星，曹静．幼儿园科学教育与活动指导．北京：北京师范大学出版社，2017.

出评定的一种方法。观察法包括自然观察法、情境观察法、行为检核表法、实况详录法四种类型。

（一）自然观察法

自然观察是观察者对幼儿在日常生活中、自然状态下的行为进行观察及评价的方式。在幼儿探究活动评价中运用自然观察法时，往往要在观察前就明确所观察的行为和事件的类型，观察时只需等候行为或事件的发生，并做详细的记录。

自然观察的优点在于不受时间间隔的限制，只要事件一出现，便可随事件或行为的发展持续记录，可以经济有效地利用时间和精力。另外幼儿基本不受到干扰，因此能收集到幼儿最真实的行为资料。但是也存在对记录技术要求高、同一行为现象在不同的时间和场合会有不同的意义等缺点，评价者可以通过现场摄录、记录事件发生的情景和背景等方式进行弥补。

（二）情境观察法

情境观察是事先创设一种情境，以此引发出评价者想要观察的行为，从而来测试评价幼儿发展水平的一种方式。例如，想了解幼儿发现事物不同特征的能力水平，其观察目标是幼儿能否在观察中迅速发现两个事物的不同之处，以及幼儿的这种观察是否受到任务的指引。

拓展阅读

案例——观察小动物的评价

选择幼儿若干名（可以用不同年龄幼儿做比较），让幼儿同时观察一只小兔、一只小羊，但并不说明观察要求，5 分钟后将动物藏起来，要求幼儿说出动物的各自特征及两者之间的不同之处。第二次先向幼儿提出要求，再让他们观察 5 分钟，然后让幼儿说出两种动物的不同之处。用这种方法来评价幼儿的观察能力。

（三）行为检核表法

行为检核表法又称为清单法、检测表单法等，是指观察者依据一定的观察目的，事先拟定所需要观察的项目，并将它们排列成清单式的表格，然后通过观察，根据检核表内容逐一检视幼儿行为出现与否的一种观察与记录方法。

行为检核表法具有较高的实用性和便捷性，它不受制于情境，可以随时随地对幼儿的行为进行观察记录，是观察者经常使用的一种方法。一般来说，行为检核表法的记录方式是二选一，也就是使用“有”或“无”、“是”或“否”来进行记录。如果幼儿的行为符合项目的描述，就在表格相应的栏目内打钩，最后计算总分以评价幼儿科学探究相关能力的发展状况。

行为检核表法只是记录所要观察的行为是否出现，并没有对行为的具体表现进行描述。所以，行为检核表法是一种能够检测目标行为是否出现的观察方法，具有较强的封闭性。同时，行为检核表法的选择性高，观察者可以根据自己的观察目标和需要，事先对所要观察的各行为项目进行界定，熟悉并理解各项目，然后根据所列出的行为项目检核幼儿在科学探究活动中是否存在这些行为。

（四）实况详录法

实况详录法，又称连续记录法，是指观察者详细完整地记录被观察者在一段时间内（半小时、一小时或者半天，甚至更长时间）自然状态下发生的所有行为，然后对所收集的原始资料进行分析的方法。它是按照事情发生的顺序，将观察对象的行为以描述的方式详细记录下来的观察记录方法。实况详录法不仅可以对某一特定幼儿进行观察记录，还可以对一个幼儿团体进行观察记录。实况详录法可以将在科学探究活动中所有与观察对象有关的行为都记录下来。

拓展阅读

案例——实况详录法观察评价

幼儿姓名：甜甜　性别：女　编号：06　年龄：3 岁 5 个月

观察日期：2015 年 12 月 23 日　开始时间：9：05　结束时间：9：20

地点：自主游戏的积木区

观察者：魏晓宇

观察记录：

甜甜从玩具架上拿来了一副嵌套拼图，她把一块块的拼图拿出来按照大小顺序依次放到桌子上后，将双手合拢，揉搓了一下，小声说了句："开始！"她的眼睛迅速看向最小的一块拼图并抓住它，放到了底板拼图最下面的位置上，然后迅速拿起第二块放进底板拼图。在甜甜拼第三块时，乐乐走了过来，站在甜甜旁边看着她拼。甜甜没有回头看，依次拼好了第三块和第四块。整个拼图过程只用了 10 秒钟。"哈哈，我拼好啦！"甜甜捂着嘴笑着说。这时，她看到了身边的乐乐，说："乐乐我们一起玩吧，看谁拼得快！""好啊！"乐乐点点头。然后甜甜把左边的嵌套拼图一块块拿出来，按照大小顺序依次放到桌子上后，又把右边的嵌套拼图一块块拿出来，按照大小顺序依次放到桌子上。乐乐在甜甜左边的凳子上坐下。甜甜说："预备，开始！"然后迅速拿起最小的一个图块，放到底板拼图最下面的位置，并依次拼好了第二、三、四块。而乐乐在听到"开始"后，拿起了一块中间大小的红色拼图，放到了倒数第二个位置上，然后依次拼好了第三、四块拼图，结果最小的一块拼图剩在了外面。"哈哈，我拼好喽！"甜甜双手握成拳头，举过头顶说。"这块怎么拼啊？我拼不进去啦。"乐乐皱着眉头问。"我看看。"说着，甜甜将左边乐乐拼好的三个图块拿出来，把最小的那块拼图跟桌子上的图块比了比大小，然后放到了拼图最下面的位置，又把剩下的三块依次放进了拼图里。“看，拼好啦！”甜甜笑着看着乐乐说。

分析：

甜甜在玩嵌套拼图时，知道先把图块按照大小顺序依次摆好。她在拼图过程中能够做到不出现错误，不受外界干扰，并且能在10秒内完成拼图。另外，甜甜懂得分享，能够与同伴一起玩自己手中的拼图，当同伴拼图出现困难时，能够主动提供帮助。

评价：

与刚入园的时候相比，甜甜表现出较好的顺序思维能力、观察能力和专注力，并且亲社会行为明显增多。建议继续提供拼图等可以发展顺序思维能力、观察能力和专注力的游戏。鼓励甜甜将她拼图时的想法和发现讲述给其他小朋友听。对甜甜的亲社会行为进行表扬和鼓励。

资料来源：李晓巍. 幼儿行为观察与案例. 上海：华东师范大学出版社，2017：76-77.

二、访谈法

访谈法是指评价者通过与访谈对象进行面对面的交谈，以口头回答的形式来获取有关评价资料的一种方法。访谈的类型可以分为集体访谈和个别访谈。例如：可对某个幼儿进行访谈，或对一组幼儿进行访谈；可以面对面访谈，也可以通过电话进行访谈。

但是要注意的是：在访谈之前，要选择适当的访谈形式，选择适当的访谈时间与地点，设计好访谈提纲，了解受访者的情况等；在访谈的过程中要与受访者建立良好的关系，取得其信任；最后要尊重受访者的年龄特征。

拓展阅读

案例——访谈法

教师应该设定清晰的教学目标，然后收集信息来说明这一目标是否达到。这些信息主要来源于儿童与同辈、教师和父母的谈话，甚至可以是他们的自言自语。比如，一个4岁的小朋友在浇花时和教师说：“植物需要喝水才能长大，就像我一样。你也许会奇怪，水要一路往上走才能进入植物里。既然如此，我为什么要把水浇到土里呢？但是，茎就像是植物的肌肉。看到我的肌肉了吗（弯起他的胳膊）？植物可以把水从土里抽起来。”很明显，这个孩子正在把自己有关肌肉的知识和他正试图理解的水如何进入植物的叶子里的知识联系起来。这种交谈之后，对于科学知识孩子能够建立更为完整和准确的理解①。

三、科学日记法

科学日记向教师反映幼儿在各种课程中的思维方式和技能发展。当教师和幼儿一起讨论他们的科学日记时，教师可以调查幼儿对概念的理解能力，评估幼儿词汇和言语发展水平、运动技能、关注细节的能力和前阅读理解水平，讨论科学日记条目是一种形成性评估的机会。在这一过程中，教师可以问："这个孩子已经理解了什么？我如何提问或者提供什么样的经验可以促进孩子的进一步学习？这个孩子有错误观念吗？如果有，我怎么做才能替换掉这些观念呢？"② 科学日记也能够在一个单元或者一学期过后提供总结性评估。

幼儿可以翻看自己的科学日记，找出自己还记得多少调查过的事情。这样，科学日记可以用来评估幼儿记忆信息的保持量。教师和幼儿一起翻看这些科学日记可以发现幼儿记住了什么，并且评估随着年龄的增长他们在概念和语言上的描述是否更为丰富。

随着年龄的增长，科学日记的用途也会发生变化，这说明幼儿对工具本身作用的理解也有发展。随着时间的推移，科学日记的内容是否更加接近科学，而不仅是创造性的绘画？孩子们记得给自己的作品标上日期吗？他们在同一幅画上使用各种日期戳的次数会不会减少，是否把日期戳看成科学研究工具而不是艺术工具？下面的对话是自发性的，但是教师也可以用这样的方式和小朋友交谈。

拓展阅读

案例——一段关于科学日记的对话

一名对科学探究活动项目很熟悉的成人询问两名儿童——马克和布丽安娜，关于一书架的科学日记的事。

成人：那些是什么？

布丽安娜：我们的科学日记。

成人：科学日记是什么？

马克：我们会在上面写做过的实验。

布丽安娜：是的，还有画画。

成人：可以跟我讲讲吗？（指着其中一页上的日期戳）那是什么？

① 罗切尔·戈尔曼，金伯利·伯纳曼，盖·麦克唐纳，等. 2～6岁儿童科学素养课. 朱莉琪，邱小菊，译. 北京：北京出版社，2015：146.

② 同①147.

布丽安娜：这是日期。

马克：是一个日期戳。

成人：为什么每一页上都印着这个？

布丽安娜：这样我们就知道记录它的时间了。

三个人坐在一起，然后，孩子们让这位成人读出每一个条目上的日期。这些孩子能够记得某个条目的前一条或后一条，即使有时它们的页码并不相邻。他们根据戳上的日期，而不是页码，来记住时间顺序。

资料来源：罗切尔·戈尔曼，金伯利·伯纳曼，盖·麦克唐纳，等. 2～6 岁儿童科学素养课. 朱莉琪，邱小菊，译. 北京：北京出版社，2015.

四、日常生活中的非正式评价

评价者可以采用口试法，这种方法可以通过提问、回答、讨论、口头汇报等形式进行，一般比较多地用于认知范畴的评价，包括：知识经验的回忆和能力的评价；幼儿对科学事实、科学概念的理解、回忆；幼儿智力的运用能力等。

在幼儿科学教育评价中的口试法主要有两种具体的类型，分别是问题测试和情景测试。问题测试是围绕一个或几个问题让幼儿直接进行回答。其优点在于设计、使用比较简单，缺点是耗时较多，也会比较主观。例如，在观察冬季下雪后，提问幼儿："不能用手接住雪花吗？雪花到手上会变成什么呢？为什么？"

情境测试指的是先由评价者设计一个需要思考的情境，然后要求幼儿根据他们已熟悉的科学经验、事实，或科学概念来解释这个情境中出现的新现象。

除了以上提到的几种常见的评价方法，评价者还可以采用问卷法、测查法等，教师在评价之前要选择适宜幼儿的评价方法来对幼儿的科学探究活动进行评价。评价方案应当与教师的过程导向科学探究教学法相一致。随着时间的推移、经验的积累，教师关于评价的观点与想法将更加完善。但是，必须不断寻找新的、能真正显示幼儿在科学探究活动中所取得的成就的评价观点和方法，并不断地评价科学探究活动和教学，从而发现日常工作中的优点、缺点，进而改善科学探究活动项目和教学。

思考与练习

1. 幼儿科学探究活动的评价具体包括哪些方面？如何对科学探究活动过程进行评价？
2. 对教师科学领域教学知识的评价及其科学教育态度与信念的评价可以怎样开展？
3. 教师如何利用幼儿科学态度的评价结果促进科学探究活动质量的提高？
4. 请从众多评价方法中选择一种或组合多种适宜的方法，选择评价工具，制定评价方案，比较三名幼儿在科学探究能力水平上的特点和差异。

阅读导航

1. 罗切尔·戈尔曼，金伯利·伯纳曼，盖·麦克唐纳，等. 2～6岁儿童科学素养课. 朱莉琪，邱小菊，译. 北京：北京出版社，2015：146.

2. 李晓巍. 幼儿行为观察与案例. 上海：华东师范大学出版社，2017：76-77.

3. 大卫·杰纳·马丁. 建构儿童的科学：探究过程导向的科学教育. 杨彩霞，于开莲，洪秀敏，等译. 北京：北京师范大学出版社，2006：268.

4. Maier M F，Greenfield D B，Bulotsky-Shearer R J. Development and Validation of a Preschool Teachers' Attitudes and Beliefs Toward Science Teaching Questionnaire. Early Childhood Research Quarterly，2013（28）：366-378.

5. 杨彩霞. 教师学科教学知识：本质、特征与结构. 教育科学，2006（1）：60-63.

6. 基础教育教学研究课题组. 幼儿园科学教育活动指导. 北京：高等教育出版社，2014：44-45.

7. 西尔瓦. 幼儿学习环境评量表：课程增订本. 李娟，肖湘宁，译. 上海：华东师范大学出版社，2015：64-72.

8. Brenneman K，Stevenson-Garcia J，Jung K，et al. Assessing Instructional Quality for Science and Math：Preschool Rating Instrument for Science and Mathematics (PRISM). Paper Presented at the Biennial Meeting of the Society for Research in Child Development，Montreal，2011：B-2.

图书在版编目（CIP）数据

幼儿科学教育与活动指导/王兴华主编. --北京：中国人民大学出版社，2020.6
21世纪学前教师教育系列教材/朱家雄总主编
ISBN 978-7-300-28212-1

Ⅰ.①幼… Ⅱ.①王… Ⅲ.①学前教育-科学知识-幼儿师范学校-教材 Ⅳ.①G613.3

中国版本图书馆CIP数据核字（2020）第100587号

21世纪学前教师教育系列教材
总主编 朱家雄
幼儿科学教育与活动指导
王兴华 主编
You'er Kexue Jiaoyu yu Huodong Zhidao

出版发行	中国人民大学出版社		
社　　址	北京中关村大街31号	**邮政编码**	100080
电　　话	010－62511242（总编室）		010－62511770（质管部）
	010－82501766（邮购部）		010－62514148（门市部）
	010－62515195（发行公司）		010－62515275（盗版举报）
网　　址	http://www.crup.com.cn		
经　　销	新华书店		
印　　刷	北京七色印务有限公司		
规　　格	185 mm×260 mm　16开本	**版　　次**	2020年6月第1版
印　　张	10.75	**印　　次**	2020年6月第1次印刷
字　　数	246 000	**定　　价**	32.00元